KB264823

예즈덤 영재교육

# 예즈덤 영재교육

## 자녀와 다음 세대를 행복한 거인으로 키우라

초판1쇄 발행일 ｜ 2010년 10월 15일

지은이 ｜ 이대희
펴낸이 ｜ 박종태
펴낸곳 ｜ 엔크리스토
마케팅 ｜ 정문구, 강한덕
관리부 ｜ 이태경, 신주철, 임우섭, 맹정애, 강지선

출판등록 ｜ 2004년 12월 8일(제2004-116호)
주　소 ｜ 경기도 고양시 일산동구 장항동 568-17
전　화 ｜ (031) 907-0696
팩　스 ｜ (031) 905-3927
이메일 ｜ visionbooks@hanmail.net
공급처 ｜ 비전북 전화 (031) 907-3927 팩스 (031) 905-3927

ISBN 978-89-92027-93-9 03230

값 14,000원

- 잘못된 책은 바꾸어 드립니다.
- 예즈덤교육에 관한 세미나와 도움이 필요한 분은 예즈덤영재교육원으로(02-403-0196, 010-2731-9078)
  문의해 주시면 도와드리겠습니다.

유대인교육을 새롭게 적용한 한|국|형|성|경|영|재|교|육

예즈덤 영재교육 시리즈 1 원리편

# 예즈덤
# 영재교육

자녀와 다음 세대를 행복한 거인으로 키우라

이대희 지음
예즈덤영재교육원 편

이 책은 지금까지 신앙교육의 다양한 자료들을 꾸준히 개발해 온 전문가인 저자가 성경에 기초한 유대인 자녀교육 원리를 토대로 오늘날의 가정에서 실천이 가능한 교육 지침서라고 생각합니다. 특히 부모들의 눈높이에 맞게 내용을 적절히 제공하고 있습니다.

　　　　　　　　　　　　　－고용수 목사 (전 장로회신학대학교 총장, 대구제일교회 담임목사)

이 책은 기독교적 자녀교육의 핵심이 무엇인지를 분명히 보여주며, 유대인 자녀교육을 넘어선 성경적 자녀교육의 축복으로 우리를 초대한다. 지난 20여 년 동안 100여 권의 성경교육 교재를 집필한 저자가 새롭게 그 근본원리를 쉽고도 재미있게 제시하고 있다. 이 책은 자녀를 사랑하는 모든 기독교인 부모들과 교회학교 교사, 목회자들이 읽어야 할 신앙교육의 필독서이다.

　　　　　　　　　－박상진 교수 (장로회신학대학교 기독교교육학, 기독교학교교육연구소 소장)

"쏟아져 나오는 수많은 유대인 교육에 대한 서적 중에, 이 책이 가진 특별한 점은 두 가지입니다. 하나는 유대인의 탈무드 교육을 복음적으로 탁월하게 해석한 점이고, 다른 하나는 그것을 한국 현실과 상황에 맞게 적절히 변용한 것입니다. 역사적 지혜를 담고 있으면서도 현대적인 통찰을 주고 있는 저자의 관점은 풍부하고 신선한 자료와 함께 다음 세대를 위한 교육에 생기를 불어넣을 것이라 확신합니다. 암울한 교육 현실에서 다음 세대를 위해 고민하며 교육에 참여하는 가정과 부모와 교회에 밝은 희망을 안겨줄 것이라 기대됩니다."

—김세광 교수 (서울장신대학교 예배설교학, 신학대학원장)


"쉬운 듯하나 깊이가 있고, 어려운 듯하나 이해가 잘 되고, 어떻게 해야 좋을지 몰랐는데 알게 해 주고, 그냥 인간 교육이 아닌 예수 닮은 교육을 지향하는 책으로, 지금 우리와 다음 세대를 위한 훌륭한 책이라 생각합니다."

—정영택 목사 (교육목회 실천협의회 대표, 경주제일교회 담임목사)

부모로서 아이들을 키우면서 아이들은 초등학교를 졸업하기 전에 이미 어느 정도 만들어진다는 생각을 하게 되었습니다. 그러므로 아이들을 키울 때 이 시기에 교회와 가정의 중요성은 아무리 강조해도 지나침이 없습니다. 이렇게 다음 세대 교육의 중요성이 부각되는 시점에 나온 귀한 책이 반갑습니다. 저자는 20여 년 동안 교회가 구체적으로 사용할 수 있도록 성경공부 교재 개발에 매진하였습니다. 예즈덤 영재교육은 이 노력들이 열매를 맺어 다음 세대를 위한 교육 지침서의 역할을 할 수 있을 것으로 보입니다. 특히 이 책은 유대인들의 토라교육을 넘어서는 성경교육의 원리와 실천을 잘 다루고 있습니다. 가정과 한국교회와 사회를 새롭게 하는 더 큰 결실로 발전하기를 기대합니다.

−배정훈 교수 (장로회신학대학교 구약학)


위기에 처한 자녀와 다음 세대 교육에 분명한 대안을 제시하는 아주 적절하고 탁월한 교육지침서입니다. 특히 유대인 교육을 넘어선 성경적 자녀교육의 방향을 한국 상황에 맞게 제시한다는 점에서 가정과 교회에 꼭 필요한 책이라 생각합니다.

−홍순화 목사 (한국성서지리연구원장, 주심교회 담임목사)

# 유대인 탈무드 교육을 뛰어넘는 예수님 영재교육을 찾아라!

교육은 개인과 가정뿐만 아니라 국가의 미래를 결정짓는 중요한 부분이다. 그러나 '어떻게 교육할 것인가?' 하는 문제는 결코 쉬운 것이 아니다. 그동안 국가가 나서서 교육의 문제를 해결하려 했지만 그것 역시 생각처럼 쉽지 않음을 모두 알고 있다. 정부가 바뀔 때 마다 새로운 교육 정책과 대안을 제시하지만 조금 지나면 다시 제자리를 맴도는 상황이 반복되고 있다. 한국의 교육계는 하루도 조용할 날이 없을 정도로 많은 교육 문제들과 대안들이 쏟아져 나온다. 하나를 처방하면 또 다른 문제가 발생하면서 좀처럼 해결의 기미가 보이지 않는다. 열린교육, 영재교육, 조기교육. 특성화교육, 영어몰입교육 등의 다양한 방법으로 교육 문제를 나름대로 해결하려 하지만, 그렇게 녹록치 않은 것이 사실이다.

우리나라 부모들은 대부분 자녀교육에 거의 올인하다시피 한다. 모든 가계비용 중 자녀교육을 최우선에 두고 지출하지만 그 효과는 미지수다. 우리나라는 한 해 수조 원에 달하는 사교육비를 지출하고 있다. 왜 이런 현상이 일어날까? 이것은 공교육이 제구실을 하지 못했기 때문이다. 그렇다고 지금의 사교육이 우리의 교육의 문제를 해결할 수 있느냐 하면 그것 역시 해답이 아님을 잘 안다. 그럼에도 부모들이 여전히 사교육에 매달릴 수밖에 없는 현실은 우리를 더욱 안타깝게 한다.

우리나라 학부모의 절반 정도는 자녀의 해외유학을 원하는 것으로 나타났다. 최근 통계청이 발표한 사회통계 조사결과에 따르면 30세 이상 학부모의 48.3%가 자녀의 해외유학을 원한다고 답했다. 희망 유학단계를 보면 대학이 48.7%로 가장 높았고 중학교(14.8%), 고등학교(14.7%), 초등학교(12.3%) 순이었다. 유학을 원하는 가장 큰 이유로는 '국제적 안목을 지닌 인재로 키우기 위해' 라는 답변이 36.4%로 가장 많았고 '한국의 학교 교육제도가 싫어서' 라는 답변이 23.7%로 그 뒤를 이었다. 초등학교 단계에서 유학을 보내고 싶다고 답한 학부모의 43.4%는 현재 한국의 학교 교육제도가 싫어 유학을 고려하는 것으로 나타났다. 대다수의 국민들은 지금의 학교교육에 문제를 제기하고 있다. 하지만 그것을 해결할 만한 뾰족한 수가 없다는 것이 우리의 한계요 딜레마다.

필자는 두 자녀를 학교에 보내면서 역시 같은 고민 속에서 지내왔다. 아이들과 함께 20여 년 동안 교육의 홍역을 겪었다. 이것은 필자만이 아닌 모든 부모들의 공통된 고민이다. 그리고 이런 고민은 앞으로 계속 진행 될 것이다. 자녀를 학교에만 맡기자니 불안하고 그래서 학원을 보내지만 그것 역시 잘한 일이라고 생각하는 사람은 없다. 어쩔 수 없이 대안 없는 교육의 구조 속에 밀려 긴 기간을 보내고 있다. 그렇다면 과연 전 국민적인 관심이요 고민인 교육의 문제를 해결할 방도는 없을까? 필자는 다양한 교육의 현장을 거치면서 오랫동안 이런 고민을 해왔다. "과거의 좋은 모델이 지금까지 계속 변하지 않고 유지되어 온 교육제도는 없을까?"를 생각하던 중에 한 가지 가능성을 주목하게 되었다.

그것은 유대인 교육이다. 유대인은 세계에서 교육의 민족으로 이미 잘 알려져 있다. 교육에는 아직까지 유대인만한 민족이 없을 정도로 오랜 전통과 노하우를 가지고 있다. 지금 우리가 행하고 있는 교육구조는 헬라 철학의 서구식 교육방법에 근거하고 있다. 좌뇌를 강조하는 헬라식 서구 교육의 한계가 나타나면서 여기저기 새로운 대안을 찾고 있는 실정이지만 교육의 그림은 좀처럼 보이지 않는다. 최근에 모델로 소개되고 있는 서구의 핀란드 교육은 많은 부분에서 유대인 교육과 같은 맥락을 이루고 있다. 하지만 핀란드 교육은 영적으로는 많은 문제와 한계를 드러내고 있다는 점에서 참고는 할 수 있지만 여전히 부족한 부분이 많다.

유대인은 헬라철학 이전 훨씬 오래전부터 그들 나름대로 수천 년 동안 전수해 온 교육법이 있었다. 기원으로 보아도 헬라철학적 방법보다 훨씬 이전의 고대 방법이다. 유대인은 나중에 이것을 자신들의 교육법으로 정착해서 만들었는데 그것이 일명 탈무드 천재교육법이다. 그것으로 노벨상을 석권하고 있으며 다양한 영재들을 사회 각층에서 배출하고 있다. 토라와 탈무드를 교과서로 삼아 전 국민이 자손 대대로 이어온 유대인 교육법은 같은 동양문화로서 우리가 모델로 삼을 만한 충분한 가치가 있다. 세계 어떤 민족도 유대인처럼 자기만의 교육법을 가지고 고대부터 지금까지 같은 방식으로 자손대대로 전수해온 민족은 없다. 이런 면에서 유대인교육은 세계 유일한 방법이다.

언제 어떻게 변할지 모르는 우리와 비교하면 차원이 다르다. 유대인 교육법은 우리에게 많은 도전과 시사점을 제공해 준다. 필자는 오랫동안 변하지 않고 자손 대대로 전수해 온 유대인 교육법을 연구하고 숨은 원리를 찾는 것은 지금 우리 교육의 방향을 찾는 데 중요한 해결점이 될 것이라 생각한다. 이런 이유에서 필자는 일차적으로 유대인 교육법의 원리를 찾아 우리에게 응용하되 유대인 교육의 부족한 부분을 보완하여 한국적인 상황에 맞는 더 좋은 교육법을 정리했다.

"우리도 거대한 교육의 뿌리를 잡고 그 광맥을 따라서 자손대대로 교육할 수 없을까?" 필자는 단편적인 일회성 교육이 아닌 한 번 배운 교육이 죽는 순간까지 이어지고 또 다음 자손에게까지 전수할 수 있는 그런 교육법을 찾아보고 싶은 강한 열망이 오래전부터 있었다. 어릴 때뿐만 아니라 전 생애에 걸쳐 모든 국민들이 함께 할 수 있는 그런 교육법을 찾아 정리한다면 얼마나 좋을까?

교육을 통해서 행복해져야 함에도 실제는 교육 때문에 더 불행해지고 있는 현실에서 "과연 인생은 교육으로 인해 행복할 수 없는 것인가?" 하는 의문감이 든다. 시험 때만 되면 성적을 비관하며 자기 생명을 끊는 불행한 일이 반복되는 상황을 접하면서, 어떤 해결방법을 찾아야 하지 않을까 하는 오랜 고민이 이 책을 집필하게 했다.

필자는 지난 20년 넘게 어린이부터 청년 대학부 그리고 장년, 신학생, 목회자에 이르기까지 많은 다양한 사람들을 만나면서 현장에서 교육을 해왔다. 여러 과정을 거치면서 모두가 함께 평생 동안 교육할 수 있는 교육의 원리와 방법들을 정리해 보고 싶은 마음이 늘 고동쳤다. 공부가 억지로 하거나 짜증 나며 지루한 것이 아닌 자기주도적으로 즐겁게 할 수 있는 행복한 원리와 방법을 찾는 일이었다. 이 책은 이런 고민 속에 필자의 생각을 담은 것이다. 전개 방법은 오랫동안 세계적으로 교육의 성공사례로 회자되는 유대인 교육원리를 우리에 맞게 새롭게 정리했으며, 한 걸음 더 나아가 유대인에게 없는 복음을 통하여 유대인을 넘어선 교육법을 제시했다.

영재교육법은 많은 부분을 이미 검증된 유대인 교육법을 기초로 사례를 정리했다. 독자들의 쉬운 이해를 위해 유대인 교육에 대한 사례들과 사진 자료를 첨부했다. 그리고 필자가 실제 방문한 이스라엘 현장 사진 자료 등을 함께 제시했다. 특별히 성경과 복음적 관점에서 유대인 교육 중 문제가 되는 부분은 삭제하고 재수정하여 한국 상황에 맞게 응용했다. 가정과 교회에서는 기존의 유대인 교육을 그대로 받아들이기보다는 성경 (신약성경을 포함한)과 복음 안에서 새롭게 조명하여 사용하는 것이 적절하다고 생각했기 때문이다. 궁극적으로는 교육을 통해 예수님을 만나는 데 최종 목표를 두었다.

교육의 주체는 국가나 학교가 아닌 가정이다. 가장 좋은 교사는 학교 선생이나 학원 선생이 아닌 부모다. 가장 좋은 교육의 장소 역시 학교가 아닌 가정과 살아가는 모든 현장이다. 졸업이 없이 평생 동안 누구나 할 수 있는 그런 교육을 그리면서 그것에 대한 원리와 특징과 내용과 방법을 제시했다. 우리 교육의 새로운 패러다임을 모색하면서 이 책을 통해 교육의 회복이 조금씩 일어나기를 소원해 본다.

특히 학교와 교회가 중심이 되는 것이 아닌 가정과 부모가 주체가 되는 교육을 제시했다. 또 각자 가정과 부모가 교육의 주체가 되어서 자신의 교육 커리큘럼을 정하고 평생 동안 공부하는 데 이 책이 기여하기를 원한다. 이 책을 통하여 대한민국 각 가정이 자기만의 맞춤형 교육과정을 가지고 평생 동안 공부하며 또한 다음 세대까지 전수해 주는 그런 명품가정이 생겨나기를 기도한다.

이 책에서 제시하는 '영재'는 기존의 '영재(英才)'를 넘어선 통전적 의미의 '영재(靈材)'를 의미한다.

1% 영재를 꿈꾸며 그것을 향해 경쟁적으로 달려가는 것이 아닌 100% 영재, 즉 모두가 영재가 되는 그런 교육의 비전을 그리면서 이 책을 구성했다. 이런 면에서 기존에 소개되는 영재교육과는 차원이 다르다고 할 수 있다. 대한민국 모두를, 더 나아가 세계인 모두를 영재로 만드는 원리와 내용과 방법들을 나름대로 제시했다.

이 책을 통하여 모두가 행복한 교육의 출입문에 한 걸음 들어서는 시작점이 되기를 소원한다. 한국교육의 개혁에 이 책이 작은 미풍 역할을 한다면 더 바랄 것이 없다. 하나님이 주신 나만의 다이아몬드를 찾아 그것을 갈고 닦아서 빛나게 하는 데 도움을 주었으면 한다. 특히 가정과 교회와 자녀와 다음 세대를 위한 좋은 지침서가 되길 소원한다. 모든 영광을 하나님께 돌린다.

저자 이대희

# 2부 예수님을 닮은 인재로 키우는 10가지 교육원리

## 1부

언제 어디서나 통하는
# 행복한 자녀로 키워라

# 자녀, 교육으로 승부하라

## 한국을 일으켜 세운 힘

100년의 짧은 기간 동안 한국을 기적같이 선진국 대열에 오르게 한 원동력은 무엇일까? 그것은 바로 교육의 힘이다.

1910년 8월 22일 일본은 한국을 합병하면서 식민지 통치를 했다. 1919년 당시 취학률은 조선인 3.7%, 일본인 91.5%로 그 차이는 컸다. 1936년에 조선 어린이는 넷 중 한 명만 교육받을 수 있었다. 일본인은 전체 인구의 2.9%에 불과했지만, 경성제국대학 재학생의 63%를 차지했다. 1910년대 한국은 세계에서 가장 비참한 나라 중 하나였고 더 이상 살아가기 힘든 나라였다. 그러나 1905년 이후 일본 식민지 속에서도 한국은 애국지사들을 중심으로 민족의 미래에 투자하는 근대 학교 설립운동이 활발히 일어났다. 1910년 무렵에는 공립과 사립을 합쳐 2,400개 교를 헤아렸다. 신학문을 가르치는 서당과 야학도 우후죽순처럼 생겨났다. 그러나 일본은 '사립학교규칙'(1911)과 '서당규칙'(1918) 같은 교육규제 법규를 만들어 자생적 교육 근대화 노력을 좌절시켰다. 일본은 한국을 철저히 우민화시켰다. 당시 1945년 조선의 문맹률은 일본보다 3배나 높은 78%였다.

　　그런데 설성가상으로 일본의 식민지에서 해방된 것도 잠시, 5년 후에 한국은 6.25 전쟁을 겪으면서 세계에서 가장 가난한 나라가 되었다. 전쟁으로 나라는 거의 파탄 지경에 이르렀다. 당시 남한의 문맹률은 거의 80%였다. 어디를 보아도 희망이 보이지 않는 가난한 나라였다. 북한은 남한보다 잘살았다. 경제 발전도 남한보다 앞섰다. 북한은 천리마운동을 통한 경제 부흥을 꿈꾸었다. 노동력을 극대화하여 나라를 재건하고자 했다. 그러나 남한은 전 국민 교육에 힘썼다. 그 결과 10년이 지난 후 한국은 문맹이 사라지는 기적이 일어났다. 그리고 교육받은 인재들이 70~80년에 일어난 경제 발전의 동력이 되었다. 그러나 노동력에 의존했던 북한은 점차 뒤처졌다. 남한은 고속 성장을 거듭하여 드디어 가난에서 탈출하게 되었다. 50년이 지난 지금 한국은 세계 선진국 대열에 들어섰다. 그러나 북한은 후진국으로 뒤처져 1950~60년대의 모습을 여전히 벗어나지 못하고 있다. 특히 한국은 IT 세계 강국이 되었다. 철강, 선박, 휴대폰, LCD, 자동차 전자제품 등은 세계가 인정하는 수준으로 발전했다.

　　무엇이 이토록 한국을 빠르게 성장하게 했을까? 그 저변의 힘은 무엇일까? 한국인의 근면성과 노력도 한몫했지만 중요한 것은 교육의 힘이다. 교육의 결과로 지금은 거의 문맹률이 0%이다. 한국은 땅과 인구가 적고 자연 자본도 부족하다. 이런 열악한 환경에서 한국을 세계 속에서 리더의 나라로 키운 힘은 바로 교육이었다.

　　사실 이러한 교육의 열기는 정부보다 오히려 가난한 민초들에 의해

연동교회에서 공부하는 어린이들과 교사

일어났다. 우리 교육의 성공신화는 논밭은 물론 생명보다 귀한 소마저 교육을 위해 아낌없이 바친 어버이들의 희생 덕분이었다. 가난하지만 교육에 대한 열기가 높았던 늙은 농부네 워낭소리가 오늘의 한국교육을 만든 초석이 되었다. 특히 소외받았던 어린이, 여자, 가난한 사람들에게 교육의 불을 지핀 것은 선교사와 교회였다. 당시 한국교회는 민족의 희망이었고 선교사들을 통해 본격적인 국민교육이 이루어졌다. 현재 경신고, 배재고, 이화여고, 연세대, 이화여대 등 명문사학이 이때 세워졌다. 전국에 수많은 학교들이 교회와 선교사들에 의해 세워졌고, 한글 교육과 국민 교육을 주도했다. 이런 교육을 통해 어려운 난관 속에서도 백범 김구, 남강 이승훈, 고당 조만식, 도산 안창호, 유관순 등과 같은 수많은 민족 지도자들이 배출되었다. 당시 매봉교회에 출석하며 이화학당을 다녔던 유관순은 3.1운동을 일으킨 주역이었다. 비록 17세의 어린 나이였지만 그녀가 얼마나 조국을 사랑했는지는 그가 마지막 남긴 유언에 그대로 담겨 있다. 그리고 그녀는 유언대로 일본에 잡혀 머리 몸통 사지가 6토막으로 잘리고, 코와 귀도 잘려 죽었다. 그러나 그녀는 이렇게 말했다.

"내 손톱이 빠져 나가고, 내 귀와 코가 잘리고, 내 손과 다리가 부러져도 그 고통은 이길 수 있사오나, 나라를 잃어버린 고통만은 견딜 수가 없습니다. 나라에 바칠 목숨이 오직 하나밖에 없는 것만이 이 소녀의 유일한 슬픔입니다."

그들은 기울어진 나라를 세우는 데 자기 몸을 기꺼이 바쳤고 그것이 나라의 건설에 뿌리가 되었다. 그때 교육의 중심은 교회와 성경이었다. 교회는 곧 학교였고 마땅한 책조차 없었던 당시에는 성경이 곧 한글 교과서였다. 또한 성경은 정치와 사회와 인성 교과서이기도 했다. 당시에 한국 교육은 나라가 아닌 교회가 주도했고 성경이 그 기초가 되었다고 해도 과언이 아니다.

사형당하기 전 수의를 입은 류관순

## 위기에 처한 이스라엘

한때 이스라엘은 하나님께 선택받아 놀라운 축복을 받은 나라였다. 그러나 하나님과의 언약을 어김으로 화려했던 성전과 나라를 모두 잃어버리고 바벨론에서 70년 동안 포로생활을 했다. 이스라엘은 70년 후에 귀환하여 잠시 동안 정착을 이루는 듯했지만 다시 헬라와 로마에 나라를 빼앗기면서 유랑인의 삶을 살았다. 이스라엘은 나라를 잃었고, 아무것도 가진 것이 없이 오랫동안 강국들에 의해 식민지생활을 했고 노예와 같은 삶을 살았다. 이런 와중에 이스라엘은 해방과 독립의 열쇠가 오직 토라에 있음을 알고 말씀교육에 집중했다. 포로에서 돌아와 학사 에스라를 중심으로 율법을 가르치고 배우고 연구하는 일을 했다. 성전 제사 중심에서 이제는 율법 교육 중심으로 이스라엘의 중심축이 바뀌었다. 이스라엘은

역사의 현장인 통곡의 벽에서 기도하는 유대인들

성전은 무너지지만 말씀은 사라지지 않는다는 것을 역사의 아픔을 통해 배웠다. 그러나 이렇게 교육의 소중함을 알았지만 정작 말씀을 자손 대대로 물려주는 데는 게을렀다. 느헤미야 시대의 이스라엘 자녀들은 히브리 방언을 하지 못했고 말씀교육이 위기를 맞았다. 이스라엘 사람들이 이방 여인들과 결혼하면서 자녀 교육에 실패했다. 이런 가정의 타락과 죄악은 이스라엘을 또 다시 패망케 하는 요인이 되었다.

역사의 교훈을 무시하고 다시 반복적인 죄악에 빠진 이스라엘은 400년의 암흑시대 동안에 헬라에 의해 핍박과 수모를 당하면서 식민지 생활을 했다. 그것은 후에 로마시대까지 이어져 계속 고난과 아픔을 당했다. 이전에 바벨론에 의해 솔로몬 성전이 파괴된 것같이 이제는 로마의 손에 스룹바벨 성전이 파괴될 위험에 처했다.

# 벤 자카이의 고민

위기의 상황에서 다시 유대인에게 교육의 힘을 일깨우며 미래의 비전을 품었던 역사적인 이야기가 있다.

예루살렘 성을 둘러싼 로마 군대는 이제 이스라엘의 멸망만을 기다리고 있었다. 당시 이스라엘은 아무리 노력해도 로마 군대를 이길 수 없는 상황이었다. 이런 위기 속에 요한나 벤 자카이라는 랍비는 '어떻게 하면 유대인이 승리할 수 있을까'를 생각했다. 랍비 요한나 벤 자카이는 유태 민족이 역사상 최대의 위기에 처했던 시기에 가장 크게 활약했던 인물 중 한 사람이었다. 이제 유대인이 로마를 군사적으로 승리한다는 것은 불가능했다. 그렇다면 '무엇으로 로마인을 이길 수 있는가? 로마의 칼보다 더 강한 것이 무엇일까?'를 고민한 벤 자카이는 그들보다 더 큰 무기는 곧 교육임을 깨달았다.

'예루살렘 성전이 로마인들에게 파괴되는 일은 어쩔 수 없지만 유대인은 로마인이 파괴할 수 없는 것을 가져야만 한다. 그것이 바로 교육이다. 교육은 칼보다 강하다'라고 생각했다. "로마는 그들에게 칼을 전수해 주지만 유대인들은 칼보다 강한 교육을 자손에게 전수해 줄 것이다. 그렇게 하면 언젠가는 유대인이 로마를 이길 수 있다."

벤 자카이는 교육은 곧 토라(성경)를 가르치는 것이라 생각했다. 그리고 유대 민족이 멸망하지 않고 영원히 살아남는 길을 골똘히 생각한 끝에 마침내 로마의 유력한 장군과 협상을 하게 되었다.

그 당시 유태인들은 예루살렘성 안에 모두 감금당한 상태로 바깥 출

유대인의 교사 랍비들

입조차 어려웠다. 그러나 벤 자카이는 환자를 가장하여 탈출하는 데 성공하였다.

벤 자카이는 당시 로마 사령관이었던 베스파니아누스를 성 밖에서 만나고 싶다는 의사를 전했다. 로마 사령관은 그 의사를 받아들였다. 왜냐하면 군대 사령관은 벤 자카이라는 인물이 당시 유대인의 위대한 학자임을 알았기 때문이다. 벤 자카이는 베스파니아누스를 만나자마자 "황제여" 하고 불렀다. 그런데 얼마 지난 후에 기적이 일어났다. 로마에서 파견된 사자가 달려와 로마에서 황제가 죽어 원로원에서 베스파니아누스를 황제로 선출했다고 전한 것이다. 그러자 베스파니아누스는 벤 자카이의 예언 능력에 감탄하여 그가 원하는 것은 무엇이든지 들어주겠다고 했다. 그때 벤 자카이는 마음으로 이런 생각을 했다.

'성전이 좋을까? 아니면 성서와 교사 랍비일까?'

'건물 성전은 유대인을 구할 수 없지만 성경과 랍비는 유대인을 구할 수 있다.'

벤 자카이는 자기의 소원을 말했다. 그것은 지중해 연안의 작은 도시인 야브네를 파괴하지 말라는 것이었다. 야브네는 인구가 작은 도시이지만 거기에는 대학이 있고 많은 학자들이 성경을 가르치고 있었다. 소원치고 너무나 보잘것없는 것이라 생각한 황제는 그의 소원을 들어주었다. 로마군이 예루살렘에 들어와 시내는 불바다가 되고 성전은 파괴되었다. 그러나 야브네는 고스란히 남았다. 이렇게 살아남은 야브네 도시는 성경을 가르치는 유대인 교육의 중심이 되었다. 예루살렘은 멸망했지만 유대인은 야브네에서 유대교 학교를 세웠고 거기서 뛰어난 랍비를 배출하였으며 미쉬나가 성립되었다. 이는 후에 유대인 학교인 예시바 학교로 발전하여 유대교 교육의 중심이 되었다. 여기에서 배출된 랍비들을 통해 성경을 온 국민에게 가르쳤고 그 교육은 현재 세계를 지배하는 원동력이 되었다.

## 교육의 힘

한때 대단한 힘을 소유하며 세계의 중심을 이루었던 애굽, 앗수르, 바벨론, 페르시아, 헬라, 로마의 대제국은 세계지도에서 사라졌다. 유목민이었던 몽골 역시 과거의 광대함은 잃어버리고 현재 겨우 명맥을 유지하고 있다. 반면에 유대인은 수천년 동안 나라 없이 방랑 떠돌이의 삶을 살았음에도 불구하고 여전히 살아남아 세계를 지배하는 민족이 되었다. 그 비결은 어디에 있을까? 그것은 성경교육이다. 이스라엘은 민족이 사라질 위기 속에서 유대인의 힘을 발견했는데 그것이 교육이었다. 그들은 자손 대대로 교육을 통해 민족과 정신의 끈을 이어갔고 놀라운 부가가치 능력을 창출했다.

반면에 당대에 대단했던 몽골을 비롯한 고대의 애굽, 앗수르, 바벨론, 페르시아, 헬라, 로마 등은 한결같이 교육에 힘을 쏟지 못했다. 문맹률이 높았던 몽골은 후세교육에 진전이 없었다.

『로마흥망사』를 쓴 에드워드 기번은 로마 멸망의 원인 중 하나를 자녀교육의 부재로 보았다. 로마는 사치와 향락에 빠져 자녀교육을 등한시했고, 점점 아이를 낳지 않았고, 결국 점차 힘을 잃었다. 로마는 보이는 힘으로 잠시 세계 강국을 이루었지만 그것이 결국은 쇠락의 길로 가는 원인이 되었다. 로마는 칼로 나라를 유지하려 했지만 패망했다. 반면에 로마의 식민지로 있던 유대인은 칼보다는 교육을 우선순위로 삼았고 그 결과 국가와 땅이 사라졌음에도 불구하고 위대한 나라를 만들었다. 유대인은 민족이 뿔뿔이 흩어졌지만, 오히려 전 세계에 퍼져 세계를 지배할 수 있게 되었다.

## 보이는 것과 보이지 않는 것

이 세상은 보이는 것과 보이지 않는 것과의 싸움이다. 보이는 것은 물질이요 보이지 않는 것은 영이다. 보이는 것은 일시적이지만 보이지는 않는 것은 영원하다. 우리가 추구하는 진정한 가치는 보이지 않는 것에 있다. 모든 승부는 보이지 않는 것에서 결정된다. 처음에는 보이는 것이 우세한 듯 보인다. 그러나 시간이 지나면서 보이지 않는 것이 이긴다. 지혜는 보이는 것보다 보이지 않는 것을 잡는 것이다. 기독교는 보이는 물질을 중시하는 세상과 다르다. 교회와 그리스도인은 보이지 않는 영원한 가치를 무기로 삼아야 한다. 영원한 가치에 우선을 두고 그것으로 세상을 이끌어가는 것이 지혜로운 삶이다.

보이는 것은 공간이요 보이지 않는 것은 시간이다. 시간은 영원하다. 그러나 공간은 일시적이다. 공간을 중요하게 생각하면 보이는 성을 쌓는 일에 시간을 투자한다. 그러나 시간을 중시하면 인간의 내적인 교육에 치중하면서 새로운 길을 닦는다. 우리는 길을 닦는 사람인가? 아니면 성을 쌓는 사람인가? 가인의 후예들은 자손 대대로 성을 쌓는 정착문화였다. 그들은 바벨탑에서 정점을 이루었고, 그 탑으로 하나님께 대항했다. 그러나 아벨의 후예들은 새로운 역사의 길을 닦는 유목문화였다. 어느 한 곳에 만족하지 않고 하나님이 지시하는 약속의 땅을 정복하며 새로운 믿음의 삶을 이루었다. 보이지 않는 영원한 하나님의 나라를 바라보면서 약속을 심었고 그것을 자손 대대로 전수했다. 하나님의 역사를 보고 나간 사람들은 언제나 승리를 이루었다. 우리는 유대인의 역사를 통해서 그것을 새삼 확인한다.

교육은 보이지 않는 힘이다. 지금 우리에게는 건물을 세우고 성을 쌓는 일 보다 다음 세대의 길을 이어주는 사람을 세우는 일이 더 중요하다. 이것은 한마디로 자녀교육으로 요약할 수 있다. 자녀교육은 이 시대의 최고의 투자다. 가문을 살리고 교회를 살리고 미래의 나라를 건설하는 것은 사람을 교육하는 일이다. 물질은 잠시요, 모두 사라진다. 그것에 투자할 재산과 열정을 사람에게, 다음 세대를 이끌어갈 자녀를 교육하는 일에 쏟아붓는다면 우리의 미래는 매우 밝을 것이다. 교육은 어느 것보다 가장 가치 있는 투자다.

# 레드오션 영재교육을 조심하라


## 순위를 매기는 영재교육

모든 교육이 다 좋은가? 그렇지 않다. 오히려 잘못된 교육은 사람을 패망에 이르게 할 수 있다. 교육이라고 다 좋은 것은 아니다. 잘못된 교육을 걸러내는 일이 중요하다. 부모들의 관심은 "어떻게 하면 우리 자녀를 훌륭한 자녀로 키울 수 있을까?"이다. 국가는 "어떻게 하면 미래의 성장 동력인 어린이와 청소년들을 탁월하게 교육할 수 있을까?"에 목표를 둔다. 이것을 해결하기 위해 요즈음 관심을 두는 있는 것이 영재교육이다. 가정과 학교와 학원마다 영재교육에 대한 관심이 높다. 모두 영재라는 말을 붙여서 교육한다. 정부에서도 나라의 미래를 위해 영재 발굴의 필요성을 느껴 각 도마다 영재학교를 세워 교육을 하고 있다. 한 걸음 나아가 각 학교마다 영재반을 의무적으로 두는 계획안까지 발표했다.

그러나 영재교육에 대한 말을 들을 때마다 마음에 걸리는 문제가 있다. 세상에서 말하는 영재는 대부분 1% 영재교육을 의미한다. 이런 영재는 보통 사람들과는 거리가 멀다. 영재는 특별한 사람에게 해당되는 단어일 뿐 일반 사람은 해당되지 않기 때문이다. 이런 영재교육은 특별한 계층을 위한 교육이다. 즉 선택된 소수의 사람을 위한 가진자들의 교육이다. 그리고 순위를 매기고 경쟁을 통하여 1%를 만들어 내는 교육이다. 이런 영재교육은 보편적인 교육과 거리가 있다. 이것은 인간을 행복하게 하지 않는다. 경쟁을 통한 영재교육은 행복한 영재보다 오히려 불행한 영재를 만들 수 있다.


## 불행한 천재들

천재들의 삶을 보면 특정 분야에서는 뛰어날지 몰라도 정작 자신은 불행한 사람들이 생각보다 많다. 왜 그럴까?

"자고 일어나니 유명해져 있더라"라는 말로 알려진 영국의 유명한 시인 바이런(Byron)은 남들이 부러워하는 미남으로, 또 멋있는 천재 시인으로서 살았다. 그는 세상의 향락을 마음껏 누렸던 성공한 사람이었다. 그러나 그의 아내는 아버지의 무책임하고 방종한 생활을 딸이 닮을까 걱정되어 남편의 초상화를 녹색 커튼으로 가리고 딸에게는 아버지에 대해서 한 마디도 하지 않았다. 바이런은 자신의 마지막 생일날에 이렇게 침통하게 말했다.

"나의 인생은 말라 버린 노란 낙엽 같구나! 나는 버려지다! 나에게는 슬픔만이 있을 뿐이구나!"

볼테르

위대한 철학자로 알려진 프랑스의 볼테르(Volyair)는 자기의 지식을 자랑하며 하나님을 없다고 주장하면서 살았다. 하나님을 믿는 사람을 멸시하고 자기의 지식을 당당하게 내세우며 살았다. 그런 그가 마지막에 남긴 말은 비참했다.

"나는 차라리 세상에 태어나지 않았으면 더 좋았을 것을! 아…… 나는 지옥에 가는구나!"

프랑스 황제 나폴레옹은 천하 최고의 권세를 누리면서 살았던 유명한 장군이자 정치가이다. 그는 "나의 사전에는 불가능이 없다"고 말하면서 자신만만하게 살았다. 그러던 그가 전쟁에 패배하여 말년에는 세인트 헬레나 섬에서 귀양살이를 했다. 그는 마지막에 이렇게 외쳤다. "알렉산더, 시저, 살레망 그리고 나는 힘으로 대제국을 설립했다. 그러나 그것은 아무것도 아니었다."

천재 화가로 알려진 고갱의 관심은 오직 그림이었다. 다른 것에는 아무런 관심이 없었다. 자기 가족의 부양은 거의 포기하다시피했다. 그의 아들 폴라는 아버지를 8살 때 단 한 번 보았다고 한다. 폴라는 아버지에 대해 이렇게 말했다.

"그가 내 아버지라니, 그것이야말로 내가 전혀 이해할 수 없는 일이었다."

그는 아버지로서 최악이었다. 고갱은 오직 그림만 위해 산 사람이었다. 이런 면에서는 분명 천재였다. 그러나 그림 이외의 다른 것은 백치와 같았다. 무책임하게 가족을 방치했다. 그는 이렇게 말했다.

"아내, 가족, 모두가 나를 뭐라 해도 할 수 없다. 내겐 그 무엇보다도 그림이 우선이다. 인간은 두 가지를 동시에 할 수 없다. 나는 단지 그림 그리는 것, 그 한 가지만 할 수 있을 뿐이다. 다른 것은 모두 나와 상관없다."

## 불행한 영재를 만드는 교육

영재로 성공한 사람들을 보면 대부분 한 분야에만 몰입해서 업적을 이루고 성공을 거두었지만 정작 자신은 불행한 삶을 산 사람들이 많다. 왜 그럴까? 가장 중요한 자신에 대한 공부는 하지 않고 오직 관심 분야에 (정치·문학·음악·미술·과학 등)만 몰입하고 집중했기 때문이다. 우리 주변에 유행하는 영재교육은 이처럼 한 분야에만 탁월하게 만드는 기능적인 영재를 목표로 하는 경우가 대부분이다. 우리는 영재들의 숨은 면을 고려하지 않고 그가 이룬 외적인 업적 하나만 바라보고 부러워할 때가 많다. 설사 자기 분야에서 큰 업적을 이루어 성공했다 해도 가족과 주변 사람에게 비난을 받고 마지막은 방탕한 삶으로 인생을 마쳤다면 그는 결코 성공한 사람이 아니다.

우리는 성공 모델을 잘 설정해야 한다. 탁월성과 업적은 조금 부족해도 진실한 인간이 더 중요하다. 그런데 지금 우리는 이런 중요한 부분은 도외시한 채, 보이는 물질적 가치에 몰두하는 교육에 힘을 쏟고 있다. 인생을 전체적인 삶을 가지고 평가해야 하는데 우리는 보이는 업적에만 초점을 두고 위대성을 말하는 경우가 많다. 보이지 않는 도덕적, 인격적인 삶은 도외시하기 쉽다.

이런 영재교육은 불행한 영재를 만든다. 영재는 기능인을 만드는 것이 아니다. 일과 업적은 인간을 진정으로 행복하게 해주지 않는다. 우리는 이런 영재를 꿈꾸면 안된다. 그런 교육을 거부해야 한다. 우리는 이런 영재를 원하지 않는다. 그러나 슬프게도 많은 사람들은 이런 모델을 목표로 영재교육에 힘을 쏟고 있다.

## 인격을 상실한 죽은 교육

상위 1%는 이미 경쟁을 전제로 한 교육을 의미한다. 그리고 상위 1% 순위는 계속 바뀐다. 설사 누군가 노력해서 1%가 된다 해도 그 사람은 언제나 순위에서 밀려날 수 있기에 불안하다. 명예와 인기를 한 몸에 가진 톱스타를 사람들은 부러워한다. 그러나 정작 그들의 내면적인 삶을 들여다보면 불행한 사람들이 많다. 언제 순위에서 밀릴지 모르는 불안감 속에서 우울증에 시달리는 사람들이 많다.

그런데 우리 학교 교육은 모두가 성적순으로 줄을 세우는 시스템으로 구성되었다. 누가 그렇게 만들었는지도 모르면서 오랫동안 그런 교육의 구습을 굳세게 고수하고 있다. 과목도 국어, 영어, 수학으로 아주 제한되었다. 인간의 필수과목이 국어, 영어, 수학이 되었다. 거의 20년 동안 우리는 여기에 매달려 교육한다. 이것으로 공부를 잘하는 사람과 못하는 사람을 분류하며 사람의 미래까지 평가하고 있다. 문제가 있음에도 좀처럼 그 속에서 헤어나지 못하고 있다.

생각해 보라. 그 속에 인간성이나 인격에 대한 평가가 들어있는지? 아예 빠져 있다. 인성이 아무리 좋아도 학과목에서 성적을 내지 못하면 학교에서 인정받기 힘든 우리의 교육 현실을 생각하면 너무나 슬프다. 그러나 설사 인성은 문제가 있어도 주요 과목에서 우수하면 학교에서 최고의 대우를 받는다. 사회도 그런 사람을 선호한다. 오직 국어, 영어, 수학 몇 과목으로만 인생의 성공을 판가름하는 지금의 교육구조는 인간을 병들게 하는 암과 같은 것이다. 이런 구조로 초등학교와 중고등학교, 대학교까지 20여 년의 긴 교육과정을 지내다 보면 자녀들의 마음은 병들고 상처 입을 수밖에 없다. 물론 자녀들뿐 아니라 부모들까지 함께 피해를 보고 있다. 더군다나 안타까운 것은 국어, 영어, 수학 과목에서 더 세분화하여 그중 한 과목 중심의 영재를 발굴하는 지금의 교육구조는 더 심각하다. 어쩌다 그 분야에서 실패하면 그 사람은 한순간에 바닥으로 떨어지며 인생의 낙오자가 된다.

이런 영재교육은 분명 문제가 있다. 결국은 모두를 불행하게 만드는 교육이 될 수밖에 없다. 잠시 큰 목표를 이루었다 해도 정작 자신의 마음은 추스르지 못하는 사람이 될 수 있다. 나중에는 자기도 불행하고 다른 사람까지 불행하게 만드는 교육이 될 수 있다는 점에서 경계해야 한다. 가장 중요한 인간성에 대한 교육은 처음부터 제외한 채, 오직 기능적인 탁월성과 영재성을 추구하는 현재의 영재교육은 인간을 불행하게 만들 수밖에 없다.

누구나 일등을 만드는
# 블루오션 교육을 하라

## 크리스천 영재교육의 꿈

크리스천은 세상에서 유행하는 이런 영재교육을 꿈꾸면 안된다. 이것은 특히 크리스천 부모들과 교사에게 중요한 문제이다. 영재에 대한 바른 개념이 없으면 우리들도 이런 방식에 쉽게 동화될 수 있다. 현 상황은 아직까지 크리스천에게 적합한 영재교육이 소개되지 않았기에 세상의 영재교육 방법을 크리스천들이 따라갈 수밖에 없는 실정이다. 교회, 크리스천, 미션스쿨에서 크리스천의 영재교육 방법이 개발되고 확산되는 날이 빨리 오기를 소원한다. 세상 교육을 능가하는 교육이 교회학교에서 이루어지고 크리스천 가정과 미션스쿨에서 실시된다면 우리나라는 희망이 있다. 영혼을 구원하는 것처럼 교육을 구원하는 교육을 꿈꾸어 본다.

나는 다음 세대까지 이어주는 성경교육의 비전을 품고 20년 동안 지속적으로 성경공부 교재를 집필하고 만들어 성경을 사람들에게 가르치는 사역을 해왔다. 늘 마음속에 "성경으로 우리의 교육이 달라질 수 없을까?" 하는 고민을 해왔다. "최고의 교육 교과서가 성경인데 이것을 우리의 교육 지침서로 사용할 수 없을까? 특히 성경으로 영재교육이 될 수 없을까" 하는 것이었다. "학교마다, 가정마다, 교회마다 성경으로 영재교육을 한다면 얼마나 좋을까?" 부모들이 자녀를 성경으로 영재교육을 할 수 없을까? 모두를 구원하고 행복하게 하는 성경적 영재교육의 모델 계발은 오랫동안 가슴에 품은 관심 주제였다.

## 일등주의에서 유일주의로

사람은 각자의 개성을 가진 고귀한 존재이다. 사람에게는 하늘이 준 자기만의 고유한 선물이 있다. 교육의 목적은 그것을 발견하는 것이다. 더 이상 일등주의(一等主義) 교육이 되면 안된다. 오히려 유일주의(唯一主義) 교육이 되어야 한다. 유일하면 누구나 그 분야에서 일등이 될 수 있다. 남보다 "뛰어나게"가 아닌 "다르게" 살면 세상에서 유일한 사람이 된다. 누구든지 삶의 가치를 발견하고 자기 개성에 따라 일등처럼 행복하게 살아갈 수 있다.

그런데 그동안 우리는 일등주의에 갇혀 결국은 모두가 실패하는 교육을 해왔다. 오랫동안 교육을 받고서도 우리는 행복하지 않았다. 지금의 학교 교육은 오히려 사람을 무서운 경쟁과 시기 속으로 몰아넣고 있다. 학생들은 공부를 통해서 행복해야 하는데 오히려 힘든 삶이 되고 말았다. 지금이라도 이런 교육구조를 과감히 바꾸어 누구나 행복할 수 있는 교육으로 나아가야 한다. 수학에서 사각형의 네 각의 합은 360도이다. 그런데 그 바깥의 합은 그보다 세 배인 1080도이다. 틀 안에 갇혀 그 안만 보는 사람은 기껏해야 360도의 인생을 살 수 있을 뿐이다. 그러나 고정관념의 틀을 깨고 그 바깥을 보는 사람은 그 세 배의 인생을 살 수 있다.


## 경쟁 없는 교육


"과연 경쟁 없이 교육이 가능할까?" 혹자는 이렇게 질문할 수 있을 것이다. 많은 교육학자들과 정치가들은 사업에서 물건을 만들어 내듯이 사람을 경쟁을 통해서 교육하려고 한다. 인간을 눈에 보이는 물질적 결과로 보면 가능한 이야기이지만, 인간을 눈에 보이지 않는 영적인 존재로 본다면 경쟁교육은 하면 할수록 오히려 보이지 않는 인성을 더 파괴한다는 결론에 이르게 된다. 하지만 양질의 교육을 위해서는 경쟁은 필수적이라는 주장이 오히려 설득력을 얻고 실제 그것이 교육에 적용되고 있다. 그것은 인간의 죄악성을 간파하지 못한 데서 오는 오류다. 오직 눈에 보이는 목표와 결과만 생각하고 그것을 교육의 목표로 두고 있는 한 우리 교육은 달라지기 어렵다.

교육은 목표와 결과보다 동기와 자세가 더 중요하다. 다른 사람을 사랑하고 섬기기보다 내가 살기 위해서 다른 사람을 지배하고 죽이는 것을 목표로 삼는다면 이것은 분명 악한 교육이다. 경쟁은 하면 할수록 비교 의식이 생기고 나중에는 마음에 시기와 미움만 싹트게 된다. 지금부터라도 어느 한 사람을 일등으로 만드는 것이 아닌 모두를 일등으로 만드는 교육으로의 과감한 구조 개편이 필요하다.


　지금의 영재교육은 특별한 한 사람을 일등으로 만드는 몰입교육이다. 그러나 여기서 제시하는 것은 세상의 방법과 반대다. 모두를 일등으로 만드는 교육이다. 누구든지 나만의 개성을 찾아 유일한 자기 모습을 가꾸어 나간다면 모두가 일등이 될 수 있다. 이렇게 되면 교육을 통해 모두가 행복할 수 있다. 일등주의는 모두를 불행하게 만든다. 그러나 유일주의는 모두를 행복하게 만든다.

　또 경쟁 없는 교육이 되기 위해서 교육의 방법과 구조적인 변화가 일어나야 한다. 그것은 혼자 공부하는 것이 아닌 협력을 통해서 해답을 찾아내는 것이다. 지금까지 우리 교육은 구조가 모두 혼자 공부하여 점수를 내도록 형성되었다. 오직 나 혼자 공부하는 것에 익숙하다. 그러다 보니 자연스럽게 경쟁은 필수가 되었다. 협력자가 아닌 경쟁자로 이웃을 생각하게 한다. 이런 교육 속에서는 더불어 함께 사는 공동체로서 시민의식을 가진 사람을 길러내기 어렵다. 그동안 모든 것을 혼자 했기에 나중에 사회에 나가서도 혼자 사는 것에 익숙하다. 시험 평가방법부터 개인적인 것에만 의존하지 말고 협력을 통해서 해결점을 찾아내는 방식의 전환이 필요하다. 둘씩 짝을 지어 공부하고, 모둠과 공동체가 협력하여 문제를 해결하는 식의 공부로 전환한다면 경쟁자가 아닌 협력자로, 서로에게 배우는 모습으로 변화될 것이다. 경쟁교육을 벗어나기 위해서는 교육방식의 발상 전환이 시급하다. 서로에게 도움을 주고 받는 유기적인 관계로서 교육이 이루어진다면 이웃은 너무 소중한 사람이 될 것이다. 혼자서는 할 수 없는, 더불어 살아가는 훈련이 자연스럽게 교육을 통해 이루어질 것이다. 어차피 사회는 혼자서 존재할 수 없다. 얼마나 이웃과 협력해서 살아갈 수 있는가를 교육 현장에서부터 배양한다면 누구든지 행복한 인생이 될 수 있다.


## 모두를 일등으로 만드는 교육


경쟁 없는 교육은 충분히 가능하다. 현대 교육의 모델로 삼고 있는 핀란드 교육은 경쟁이 아닌 상생을 기반으로 삼고 있다. 순위로 줄을 세우기보다는 공부 잘하는 아이와 그렇지 않은 아이들이 서로 도우면서 함께 커가는 시스템이다. 학교와 교사는 성적이 뒤처지는 학생들에 대해 많은 배려를 한다. 그러나 우리 교육은 아직도 성적이 우수한 학생에게 더 관심이 있다. 최고의 대학은 최고의 학생을 뽑는 능력에 달려 있으므로, 학생모집에 대학 간의 치열한 경쟁이 일어난다. 이 악순환의 고리를 끊지 않으면 우리는 계속 경쟁의 노예가 될 수밖에 없다.

유대인 교육은 경쟁이 없다. 이들은 모두가 일등이 되는 교육구조를 지니고 있다. 유대인은 자기 분야에서 뛰어난 것을 목표로 삼는다. 누구와도 비교하지 않고 함께 어울리면서 자기만의 강점을 발전시켜 행복하게 살아가는 교육을 지향한다. 그런데 우리는 하면 할수록 힘들고 나중에는 공부에 지쳐 버린다. 우리는 노인이 될수록 창의성이 떨어지고 대우를 받지 못한다. 그러나 유대인은 노인이 될수록 지혜가 출중해진다. 가정에서도 존경과 대우를 받고 가르치는 일을 통하여 자녀와 손자들을 계속 교육한다. 이렇게 해서 70살 정도 되면 자기 분야에서 프로가 된다. 유대인은 갈수록 영재가 많아지고 모두가 영재가 되는 그림을 그리며 나간다. 공부하는 사람이 경쟁의 대상이라기보다는 서로 도와주는 협력자이다. 이들은 서로를 돕고 상호보완을 통해 오히려 각자의 영재성이 더욱 발전된다.

누구나 일등을 지향하는 바른 영재교육을 모색하기 위해서는 일차적으로 영재교육의 성공사례인 유대인의 모습을 살펴보는 것이 필요하다. 유대인의 영재교육은 국민 전체를 영재로 키운다는 점에서 지금 우리 영재교육과 근본적인 차이가 있다. 우리는 전체 국민에서 1%의 영재를 찾아 그들을 키운다는 전략이다. 우리 영재교육의 관심은 어떤 특별한 영재에 초점이 있다. 국민 전체보다는 특별한 몇 사람에 관심이 있다. 예를 들면 한 사람의 특별한 영재를 대상으로 삼고 그런 모델을 만드는 데 관심을 둔다. 그러나 이러한 교육법은 복음이 될 수 없다.

복음적 영재교육법은 누구든지, 모두가 하나님이 주신 영재성을 발휘하여 그것으로 가치 있는 나만의 유일한 삶을 사는 데 초점을 두어야 한다. 이렇게 되면 국민 모두가 영재가 될 수 있다. 그러나 우리는 그동안 특별한 위인을 꿈꾸며 개인적 영재교육에 치중했고 그것을 뛰어넘지 못했다. 이런 영재교육은 점점 경쟁을 부추기면서 결국에는 모두를 불행하게 만든다.

현재 우리의 학교교육을 둘러보면 이것은 쉽게 이해가 된다. 반에서 수도권 대학에 들어가는 사람은 몇% 정도밖에 안 된다. 나머지는 거의 들러리가 된다. 뒤에서 20~30% 정도는 아예 뒤처져 있고 학교교육은 그들에게 관심이 없다. 그들을 붙잡고 보충교육을 하는 학교는 거의 없다.

책장 앞에서 유대인 교사와 아이

대학은 어떤가? 일정 수준의 학생들을 훌륭한 사람으로 만드는 것에 관심을 두기보다는 소수 1%의 학생만을 뽑는 데 혈안이 되어 있다. 우리는 그런 학교를 명문 학교라고 말한다. 이상하지 않은가? 정말 좋은 대학은 꼴찌를 1%로 만드는 학교가 아닌가? 1%의 학생을 선발해서 교육하는 것이 과연 대학 본연의 목적일까? 우리나라에서 스카이 대학이라 불리는 명문대학의 입학생을 보면 대부분 서울과 수도권, 외고나 과학고 학생들이 주를 이루고 있다. 일반 고등학교 학생은 엄두도 낼 수 없다. 엄밀히 보면 그들은 명문대학이 아니다. 왜냐하면 수재들을 모아서 가르치는 교육은 누구나 할 수 있기 때문이다.

왜 이런 현상이 생기는가? 교육 문제를 경쟁을 통해 해결하려고 하니까 계속 줄서기가 반복되는 것이다. 문제점을 뻔히 알면서도 우리는 이 한계를 넘지 못하고 있다. 우리는 경쟁 없는 교육은 감히 상상도 못한다.

그러나 유대인의 생각은 다르다. 그들은 특정한 몇 사람을 위해서 교육하기보다는 국민 모두를 천재로 만드는 교육을 한다. 유대인이 천재를 말할 때 특별한 몇 사람만이 아닌 전체 국민으로 이해하는 데는 그만한 이유가 있다. 유대인은 국민 전체를 교육하는 민족이기 때문이다. 유대인 교육구조에서 공부하면 누구든지 자기 영역에서 두각을 나타낼 수 있기 때문이다.

유대인은 삶이 교육으로 배어 있는 민족이다. 우리는 대부분 학교를 졸업하면 공부를 그만두지만 그들은 학교를 졸업해도 평생 동안 공부한다. 손에서 책을 놓지 않는 민족으로 유명하다. 옷을 팔아서라도 책을 사는 민족이다. 유대인은 세계 어느 곳에서 살든지 교육에 대한 생각이 투철하다. 그들은 잘 차린 식탁보다는 그 비용을 아끼고 줄여서 책을 사서 읽고 공부를 한다. 유대인 거리에 가면 가장 많은 사람들이 모이는 곳이 도서관이다. 도서관에서 책을 빌려 들고 다니는 광경을 자주 본다. 그런데 우리는 가장 붐비는 곳이 술집이다. 젊은이들이 도서관보다는 술집에 가득 차 있다.

우리나라 가정에는 책을 소장하는 사람이 그리 많지 않다. 집 안에 서재보다는 TV나 가구가 중심을 이룬다. 이사를 가면 제일 먼저 신경을 쓰는 것이 가구다. 특별한 사람을 제외하고는 책은 별로 안중에 없다. 국립중앙도서관이 최근에 발표한 '국민 독서 실태조사'에 따르면 국민 24.1%가 책을 한 권도 읽지 않았고, 1인당 평균 독서량도 11.9권에 불과했다. 수험서, 전공서적을 제외하면 이 수치는 훨씬 줄어들 것이다. 한 달에 한 권도 되지 않는 독서량이 한국인들의 책읽기 현주소다.


오랫동안 유럽에서는 대부분의 사람들이 글을 읽지 못했다. 그러나 유대인은 누구나 글을 읽을 줄 알았다. 전국민 의무교육을 제일 처음 시행한 것이 유대인이다. 유대인은 글과 교육으로 나라를 지탱했다. 오랫동안 나라를 잃고 떠돌아다녔음에도 민족이 사라지지 않고 지금까지 건재한 고대국가는 이스라엘(유대인)밖에 없다.

그 비결은 교육에 있다. 교육을 나라의 핵심으로 삼았기에 나라를 잃어버려도 사라지지 않고 끝까지 살아남는 불사조와 같은 민족이 되었다. 유대인은 아무리 가난해도 자식이 열이면 열 명을 다 교육시킨다. 모두 글을 읽을 수 있게 하는 것이다. 이것은 우리나라와 비슷하다. 우리나라의 교육열도 대단하지만 유대인과 비교하면 방향과 질적인 면에서 차이가 있다.

## 이스라엘의 영재학교 교육

이스라엘의 영재교육은 우리나라 영재교육 개념과 다르다. 이스라엘은 특별한 그룹만을 위한 영재교육이 아닌 전 국민을 영재로 만드는 교육 시스템이다. 물론 우리처럼 그중에 특별히 영재를 골라서 영재교육을 시킨다. 그러나 우리의 영재학교와는 근본적인 차이가 있다, 우리나라에도 영재학교가 있다. 예를 들면 과학, 외국어 영재학교 등이 설립되어 있다. 일명 특목고라고 말하는 학교다. 이것은 어느 한 분야만을 잘하는 특별 영재다.

그러나 이스라엘에서 영재는 어느 한 분야만을 잘하는 사람을 가리키지 않는다. 이스라엘 영재 전문기관에서는 인지능력, 사회성, 개인적인 특성 등을 함께 고려하여 이것이 잘 조화된 사람을 영재라고 판별한다. 테스트를 통하여 영재로 통보를 받으면 학비는 나라에서 부담한다. 이스라엘 영재교육은 일반 아동과 함께 어울려 공부하도록 시스템이 짜여 있다. 우리는 영재를 엘리트 계층으로 만들어 우수한 사람만 모아서 교육한다. 이렇게 되면 우수한 그룹에서 또 서열이 매겨지면서 열등한 사람이 계속 파

가이샤라 빌립보에서 소그룹으로 현장교육을 하는 이스라엘 학생들

생되는 모순이 반복된다. 그러나 이스라엘 영재교육은 엘리트 계층을 만드는 영재교육이 아니다. 그들은 일반 아이들과 함께 같이 공부하고 나서 방과 후와 주말에 혹은 방학 기간에 영재수업을 받는다. 영재들과는 경쟁 상대가 아니라 협력하는 친구관계로 두 명씩 짝을 지어 문제를 풀고 토론을 한다. 한 사람이 실수를 하거나 어려워하면 함께 도와주고 격려하라는 의미가 들어 있다. 그들의 영재교육을 보면 한 가지 주제를 놓고 주로 토론식 공부를 한다. 혼자 공부하기보다는 공부 잘하는 친구와 짝을 이루어 함께 공부하면서 서로에게 배운다. 그리고 성경수업을 필수적으로 한다. 주말에는 봉사 활동을 한다. 우리처럼 어느 한 분야에만 집중하는 교육이 아닌 다양한 영역에서 전인교육을 한다.

　　이스라엘은 특권층이 아닌 모든 아이에게 영재교육의 혜택을 준다. 우리처럼 학비 부담이 많으면 아무리 영재라도 영재교육을 받을 수 없다.

그러나 이스라엘 영재교육은 국가에서 재정을 담당하기에 가난한 사람도 영재교육을 받을 수 있다. 영재 전문가들(오늘 우리의 입학사정관)은 영재를 발굴하기 위해 전국을 찾아다닌다. 영재학교에는 전국에서 모여든 학생들이 골고루 섞여 있다. 학교 교사가 자기 반에 영재가 있는지를 찾아서 교육부에 보고하면 즉시 교육비가 나오고 교육의 기회가 제공된다. 특히 전인적인 인간으로 육성하기 위해서 사회, 정서, 성경, 봉사 등 다양한 영역에서 종합적으로 영재교육을 실시한다.


## 전 국민이 함께하는 교육


오랫동안 이스라엘에 정착하여 살고 있는 선교사님 집에 초대를 받은 적이 있었다. 선교사님의 자녀 둘은 이스라엘 학교에 다니고 있었다. 초등학교 다니는 딸은 음악적 재능이 있어서 바이올린 연주에 관심을 갖고 레슨을 받고 있었다. 선교사님은 경제적 사정이 좋지 않아서 비싼 바이올린을 사 주지 못했다. 그런데 수백만 원 하는 고가의 바이올린을 학교에서 제공하여 자기의 재능을 발휘하도록 지원받았다는 이야기를 들었다. 한국 같으면 생각할 수도 없는 이야기다. 이스라엘은 돈이 없어서 공부를 못하는 경우는 거의 없다고 한다. 교육기금이 충분히 준비되어 있어 교사의 추천으로 발굴한 영재들을 즉시 교육한다. 영재를 발굴하기 위해 지원하는 교육구조에 놀랐다. 또 학생 개인이 내는 학교 교육비는 차등화되어 있다.

예를 들면 가정 형편이 부유한 학생은 수업료를 더 많이 내고 아주 가난하면 돈을 내지 않는다. 모두가 함께 교육할 수 있는 교육 시스템이 참 부러웠다. 마치 우리나라 의료보험 시스템과 같은 제도가 교육에 적용되고 있는 것이다. 우리나라처럼 부자들이나 가난한 사람이나 학비를 다 같이 내는 불평등 구조와는 사뭇 달랐다. 이스라엘 사람들은 이웃집의 아이가 영재성이 있다고 판명되면 자기 자녀가 아니더라도 그 아이가 교육받을 수 있도록 지원한다. 그들은 나라의 미래를 위해서 이런 일을 하는 것을 당연하게 생각한다. 내 자식만을 위한 우리들의 교육과는 많은 점에서 다르다. 이렇게 보면 이스라엘은 영재가 훈련될 수밖에 없는 사회적 교육 시스템을 구축하고 있다.

유대인은 외국으로 유학을 갈 경우, 돈이 없어도 전 세계 퍼져 있는 유대인 장학금으로 공부를 할 수 있는 네트워크가 각 나라마다 되어 있다. 우리는 자기 돈이 없으면 외국 유학은 꿈도 꾸지 못한다. 유대인은 이런 혜택으로 공부했기에 후에 자연스럽게 자신과 같은 인재를 지원한다. 장학금으로 공부한 사람은 나중에 자신도 나라에 은혜를 갚는 의미에서 당연히 인재양성 후원에 적극적으로 참여하게 된다. 유대인들은 누구에게나 교육의 기회가 주어질 수 있도록 전 세계적으로 교육네트워크가 이루어져 있다. 지금도 유대인들 중에 탁월한 인물들이 계속 배출되고 있는 것은 결코 우연이 아니다. 우리나라에는 언제나 이런 교육구조가 전 국민적으로 이루어질 수 있을까?

# 유대인 영재교육의 비밀을 터득하라

## 세계를 지배하고 있는 유대인들

20세기를 주도한 최고의 지성 21명을 뽑았는데 그중에 16명이 유대인이었다. 미국의 부자 40명 중에 절반이 유대인이다. 세계적인 영재들이 받는다는 노벨상 수상자는 1901년부터 1990년까지 90년 간 기독교가 76.5%, 유대인이 22.5%, 불교가 0.9%이다. 유대인이 소수민족임을 생각할 때 놀라운 결과이다. 경제학의 아버지라 불리는 아담 스미스는 『국부론』이란 유명한 책을 썼다. 그는 시장 경제의 원리를 주창한 사람으로 '보이지 않는 손'이라는 말을 만들어 냈는데, 이 사람도 유대인이다. 자본주의와 맞서서 공산주의 이론을 만든 칼 마르크스도 유대인이다. 미국의 대표 패션 브랜드인 '폴로'를 만든 랄프 로렌도 유대인이고, 청바지로 유명한 '리바이스'도 유대인 회사이다. 초코릿의 대명사인 '허쉬', 도너츠로 유명한 '던킨 도너츠', 아이스크림으로 유명한 '하겐다즈' '베스킨 라빈스'도 유대인이 만든 브랜드다.

세계적인 석유 재벌인 록펠러, 마이크로 프로세스의 90%를 차지하는 인텔을 만든 사람, 빌 게이츠와 마이크로 소프트를 세운 스티브 발머 역시 유대인이다. 세계 최대 검색 엔진 구글도 유대인이 만든 것이다. 현재 우리나라가 IT 강국이지만 알고 보면 유대인들은 오래전에 IT의 중요한 부분을 휩쓸고 있었다.

1인당 박물관 수가 세계에서 가장 높고, 성인 근로자 20%가 대학 학위를 가지고 있고, 의무교육을 처음으로 실시한 나라가 이스라엘이다. 1만 명 중 평균 109명이 특허를 가지고 있고 대학 졸업생 비율이 세계에서 가장 높다.

## 유대인 영재교육의 비결

어떻게 각 분야에서 골고루 유대인 영재들이 많이 나올 수 있게 되었을까? 그 비결은 특별히 그들이 다른 민족보다 우수하게 태어났기 때문이 아니다. 그들도 우리와 같은 사람들이다. 그런데도 유대인이 이렇게 자기 분야에서 뛰어난 영재성을 발휘하는 것은 영재가 되게 하는 근원을 잡았기 때문이다. 그것은 토라(성경)다. 유대인들이 자기 생명과 같이 소중하게 생각하는 것이 토라다. 그들은 다른 민족이 뿌리를 찾지 못하고 있을 때 우주와 생명의 근원을 찾았고, 그것에 충실함으로써 탁월한 영재성을 수천년에 걸쳐서 발휘하며 세계를 지배하고 있다. 그리고 이것은 앞으로도 계속될 것이다.

유대인은 세상과 인생의 원리를 교육을 통하여 공부하며 그것을 생활에 적용했다. 특히 어느 특별한 사람만이 한 것이 아닌 온 국민적으로

토라를 읽는 유대인 학생들

적용했다는 점이 탁월하다. 그것도 당대가 아닌 수천년에 걸쳐 자손 대대로 같은 원리로 교육이 이어져 오고 있는 것은 어느 민족에서도 찾을 수 없는 위대한 힘이다.

그러나 우리는 어떤가? 해가 바뀌면서 교육의 방향과 목표가 수없이 바뀐다. 교육정책은 정권이 바뀌면 변한다. 교육부 장관이 교체될 때마다 교육의 방향은 달라진다. 교육정책이 백 년을 보지 못하고 늘 갈팡질팡한다. 이러다 보니 나라의 교육은 앞으로 나아가지 못하고 늘 제자리 걸음이든지, 아니면 후퇴하기 십상이다. 왜 이런 현상이 일어날까? 그것은 사람에 의해 교육이 시행되기 때문이다. 사람은 자기의 유익을 구하는 이기심 때문에 교육조차도 자기의 유익에 따라 정책을 세울 수밖에 없다. 이런 이유에서 사람이 바뀌면 교육도 바뀌는 것이다.

교육은 변하지 않는 원리에서 출발해야 하는데 우리나라 교육은 계속 변하는 실용교육이 주를 이루고 있다. 특별한 사람만을 위한 교육이 되면 빈부격차가 더 커지게 된다. 그것은 유대인처럼 수천년 동안 이어져 가는 변하지 않는 교육의 원리를 아직 잡지 못했기 때문이다. 수많은 교육 전문가와 이론가들이 나서서 문제 해결을 외치지만 늘 답보상태에 있는 것은 교육 문제를 인간 안에서만 찾으려 했기 때문이다. 욕심을 가진 인간에게서 해답을 찾은들 그것은 자기 유익을 먼저 추구하는 이기적인 교육으로 나갈 수밖에 없다.

우리나라는 그동안 교육을 사상적, 정치적 도구로 이용한 예가 많았다. 교과서조차도 이런 정치적인 이해에 의해 집필되고 내용을 삽입하고 삭제했다. 아무리 훌륭한 교육 전문가일지라도 그 역시 사람이기에, 바른 교육정책을 세우는 것은 한계가 있다. 태생적으로 자기의 교육이념에 따라, 자기의 욕구에 따라 교육구조를 만들기 때문에, 사람에 따라 차이가 나는 것은 당연하다. 정권에 따라 교육정책이 자꾸 변하는 이유는 교육 정책자의 가치관과 인성의 차이가 큰 몫을 한다.

우리나라가 벤치마킹을 많이 하고 있는 핀란드 교육은 하루아침에 이루어진 것이 아니었다. 1960년대에 시작하여 40년 넘게 추진해 온 중장 기적인 노력의 결과였다. 특히 교육개혁 중심부에 있는 국가 교육청장은 정권이 바뀐 것과 상관없이 1972년부터 1991년까지 20년 가까이 한 자리를 지키면서 일관되게 교육개혁을 추진했다. 그 장본인인 에르끼 아호 교육청장은 "경쟁은 경쟁을 낳아 결국 유치원생들까지 경쟁의 소용돌이에 말려들게 할 것이다. 학교는 좋은 시민이 되기 위한 교양을 쌓는 과정이고, 경쟁은 좋은 시민이 된 다음의 일이다"라는 논리로 국민들을 설득하여, 경쟁이 아닌 협력의 교육을 위한 개혁을 추진한 것으로 유명하다. 우리나라는 교육부 장관이 한 정권에서 무려 5번 바뀐 적도 있었다. 우리나라의 교육 인식도를 보여주는 사례다. 이런 상황에서 좋은 교육구조를 만든다는 것은 쉽지 않다.

이제 전문가나 이익집단의 유익을 위한 것이 아닌 전 국민이 모두 행복할 수 있는 변하지 않는 교육원리를 찾아야 할 때다. 혹자는 "모두를 충족해 주는 그런 교육은 본래 존재하지 않는다"고 말할 것이다. 그러나 그렇지 않다. 물론 인간의 욕심이 존재하는 한 완전한 교육은 이룰 수 없다. 그러나 완전을 지향하는 교육은 가능하다. 그것을 오랫동안 실천해 온 민족이 유대인이다. 유대인의 교육서인 탈무드 편집 원칙을 들여다보면 이들의 교육 정신을 쉽게 이해할 수 있다.

탈무드는 구전으로 전해져 내려온 것을 후대에 편집한 것이다. 이것이 글로 쓰여질 때에는 구두점도 없고 머리말이나 맺음말도 없이 내용만 있었다. 전승자들을 통해 전승되어 온 자료들을 모아 책으로 편집할 때 머리가 좋은 사람은 일부러 제외했다. 그 이유는 자신의 의견을 넣어서 전승이 잘못되는 것을 두려워했기 때문이었다. 탈무드는 세계에 흩어져 있는 유대인들이 공부하는 책이다.

탈무드를 읽은 뒤에는 새로운 코멘트를 덧붙인다. 탈무드의 새로운 판에서는 반드시 최후의 페이지를 백지로 남겨야 했다. 이것은 탈무드가 항상 덧붙여 쓸 여지가 남아 있다는 것을 상징하고 있다. 탈무드는 원래 어느 권을 펴 보아도 반드시 2페이지부터 시작된다. 그것은 탈무드를 읽지 않아도, 당신은 이미 탈무드 연구가라는 것을 의미한다.

책의 첫 페이지와 마지막 페이지를 백지로 남겨두는 탈무드의 출판 원칙은 기존의 출판 상식을 깨는 것이다. 이런 면에서 분명 유대인 교육은 탁월한 점이 있다. 이것은 우리나라뿐 아니라 모든 나라들이 배워야 할 교육원리요 정신이다. 전 세계 민족이 함께 행복해지는 교육으로 가기 위해서 함께 고민해야 할 내용이다.

두뇌와 지성과 창의성을 계발하는 측면에서 보면 유대인 교육과 유럽과 우리나라.교육은 크게 다를 바가 없다. 그러나 이것은 교육의 원리가 아닌 방법론이다. 방법론은 다양하다. 그리고 방법은 각각의 특징이 있다. 중요한 것은 방법론보다 교육원리다. 유대인과 다른 나라 교육의

토라를 담은 함                   토라와 탈무드

큰 차이점은 토라에 있다. 유대인은 오랫동안 토라를 근본으로 삼고 교육을 했다. 토라는 교육의 원리를 제공하는, 수천년 동안 변하지 않은 교과서다. 또한 토라를 더 잘 교육하기 위한 민족적인 교육 교과서가 탈무드다. 토라의 원리를 잘 적용하기 위해 위대한 교육서인 탈무드를 만들었다. 어느 나라도 자손 대대로 전수하며 전 국민을 교육하는 교육 교과서는 없다. 그런데 유일하게 유대인만이 수천년 동안 이런 교육을 하고 있다. 그것은 방법론이 아닌 원리에 근거했기에 가능했다. 유대인은 토라를 통해 먼저 사람이 살아가는 삶의 원리를 가르친다. 그리고 그 원리를 구현하기 위해 방법론을 교육한다. 놀랍지 않은가? 지금 우리가 교육하는 학교 교과서와는 판이하게 다르다.

　교육은 교과서가 가장 중요하다. 교육의 기본인 교과서에서부터 차이가 있다 보니 우리는 유대인의 교육을 도저히 흉내 낼 수 없는 것이다.

우리나라는 국가에서 인정하는 검인정 교과서가 있다. 그러나 그것을 검인정 교과서로 인식하는 사람은 거의 없다. 시험을 위해 존재하는 일시적인 책이다. 수시로 바뀌는 형식상의 교과서로만 존재한다. 그러니 교육의 뿌리가 약하고 그 위에 아무리 화려한 교육을 한다 한들 희망이 없는 것이다. 우리는 학교를 졸업하면 교과서를 즉시 폐기 처분한다. 이것은 우리의 교육 현실을 그대로 보여주는 대목이다. 그러나 유대인들은 자기들만이 가진 국민적 교과서 탈무드를 기초로 각자 자기 분야를 굳건히 세운다. 이때 배운 탈무드는 평생 지침서가 된다.

## 토라와 탈무드를 먼저 통달하라

우리가 잘 알고 있는 유대인의 탈무드는 수천 명의 랍비(교사)들이 토론한 과정과 결론을 엮은 책이다. 약 천년 동안에 걸쳐서 편집된 2백5십만 단어가 넘는 방대한 책이다. 종교적인 율법과 인간 생활에 대한 의견들이 골고루 제시되어 있다. 한마디로 인간 생활의 핵심을 파고들어 토론한 주제의 내용들을 모은 지혜의 보고다. 천문학, 해부학, 의학, 위생학, 과학, 법률, 경제, 윤리까지 우리 일상생활의 모든 분야를 망라한 백과사전과 같은 책이다.

유대인들은 모든 국민이 동일하게 이 책을 어릴 때부터 배우면서 삶의 문제들을 해결하는 방법과 능력을 터득한다. 다양한 해석과 보는 방법을 익히면서 자연스럽게 그들의 두뇌를 훈련한다. 이것은 유대인이라면 누구나 공부해야 하는 의무교육 과정이다. 참으로 놀라운 모습이다. 전

국민이 함께 공부하는 평생 교육교과서를 만든
다는 것 자체만 해도 우리로서는 감히 상상하기
어려운 일이다.

예시바 탈무드학교 도서관

토라(모세오경)는 하나님이 모든 인간에게
직접 내려준 성전(聖典)이고, 탈무드는 지혜 교사
를 통하여 해석되어 전해진 거룩한 교육자료다.
유대인이 존재하는 한 이 두 책은 변하지 않고
자손 대대로 계속 교육을 담당할 것이다. 토라
와 탈무드 두 개의 교사는 유대인을 버티게 해주
는 교육의 핵심이다. 이것이 유대인 교육을 만
드는 원동력이다. 이렇게 수천년에 걸쳐 자손
대대로 동질감을 함께 나누면서 계속 보완해 가
는 유대인 교육은 갈수록 탁월성을 발휘할 수밖
에 없다.

탈무드 본문

이것과 비교하면 우리는 교과서에서부터
문제를 안고 있다. 수준에 미치지 못하는 교과서로 교육하는 것 자체에서
이미 많은 문제를 예견하게 된다. 엄밀히 말하면 우리는 교과서 없는 공
부를 하고 있는 셈이다. 당연히 모래 위에 쌓는 교육이 될 수밖에 없다. 좋
은 교육이 되기 위해서는 우선적으로 좋은 원리 교과서가 필요하다. 그것
이 없다면 지금이라도 만들어야 한다. 우리에게도 자손 대대로 물려줄 탈
무드와 같은 교육 교과서가 필요하다.


유대인들은 어릴 때부터 토라와 탈무드 속에 둘러싸여 자란다. 아이가 세 살이 되면 토라와 탈무드를 공부한다. 유대인 부모들은 아이에게 처음으로 토라와 탈무드를 읽힐 때에 꿀물 한 방울을 책장에 떨어드리고 나서 아이에게 입을 맞추게 하여 토라와 탈무드에 애착을 갖게 한다. 이것을 통해 공부는 지겨운 것이 아닌 친근하고 달콤한 것임을 어릴 때부터 자연스럽게 가르친다.

유대인들에게는 안식일이 있다. 이날은 온 가족이 토라와 탈무드를 읽고 배우는 날이다. 우리로 말하면 가정에서 정기적으로 공부하는 날이다. 그리고 회당에서 모여 이것을 읽고 공부한다. 유대인은 어린 시절부터 토라와 탈무드가 완전히 마음에 새겨지도록 교육한다. 이것은 앞으로 평생교육의 뿌리가 된다. 유대인은 성인식을 갖는 13세까지 철저하게 토라와 탈무드를 교육한다. 그런 기초 위에서 일반교육을 한다. 토라와 탈무드 기초 위에 자신의 관심 분야의 기둥을 세운다. 이렇게 기초가 튼튼하다 보니 나중에 자기 분야에서 탁월한 영재성을 발휘하게 된다.

토라와 탈무드는 인성 교육서다. 인간은 누구인가? 이스라엘인은 누구인가? 인간을 만든 창조자는 누구인가? 등의 본질적인 질문을 하는 뿌리 교육서다. 우리는 어릴 때 영재성에 관심이 많지만 유대인들은 나이가 들면서 영재성을 발휘한다. 자연스럽게 서서히 그 진가를 발휘한다. 우리의 영재교육은 원리 없는 방법론에만 매달려 잠시 기능을 발휘하는 수준이다. 처음에는 탁월한 능력을 발휘하는 것 같지만 시간이 가면서 창의성이 떨어지고 보통 수준으로 돌아오는 경우가 대부분이다.

우리나라 영재교육은 기초를 다지는 교육을 거의 하지 않는다. 예를 들면 과학과 수학과 영어와 논술의 기초가 되는 과목을 가지고 있지 않다. 역사, 고전, 인문학, 종교, 문화 등은 학과목에서 제외한다. 오직 방법론에만 매달려 기능적인 기술만 습득한다. 나중에는 무용지물이 되는 공부를 하고 있는 경우가 많다. 아니면 모방교육에만 머물게 된다. 이런 영재교육은 말만 영재교육일 뿐, 상위권 학교에 들어가기 위한 도구에 불과하다. 아무리 탁월해도 모범 답안을 작성하는 쪽집게 기술학원 수준이다.

이제는 우리에게도 유대인의 토라와 탈무드 같은 인간의 기초와 공부의 다져 주는 교과서가 필요하다. 우리 모두 함께 이것을 위해 고민하고 노력해야 할 것이다.

# 유대인을 뛰어넘는 영재교육을 찾아라

## 유대인보다 탁월한 원리 교과서를 찾아서

유대인 교육을 능가하는 교육을 하기 위해서는 지금이라도 토라와 같이 변하지 않는 원리 교과서를 먼저 찾는 일이 시급하다. 그리고 원리를 해석하고 적용하는 탈무드와 같은 국민적 교과서가 반드시 필요하다. 그렇다면 우리에게 있어 토라는 무엇인가? 교육의 근간이 되는 원리 교과서를 우리도 가질 수 있을까? 가능하다. 그것은 성경이다. 성경은 유대인이 붙잡은 토라이다. 우리가 교육에서 성경을 잡으면 유대인이 토라를 잡는 것과 같다.

그렇다면 탈무드와 같은 교육서는 우리에게 없지 않느냐고 반문할수 있다. 그러나 유대인은 토라(모세오경)와 구약성경밖에 없다. 그들은 신약성경이 없다. 그러나 우리에게는 신약성경이 있다. 유대인에게는 복음이 없다. 그러나 우리에게는 복음이 있다. 탈무드를 능가하는 신약성경이 있다. 탈무드는 결국 토라의 기초 위에 만들어진 해설서요 주석서다. 구약은 그림자와 같은 책이다. 유대인이 중요하게 생각하는 토라는 실체가 아닌 모형이다. 실체는 신약성경이다. 신약 없는 토라는 완전한 것이 아니다. 그러나 우리는 토라와 구약성경과 신약성경으로 된 66권의 완전한 성경이 있다. 이렇게 보면 우리는 이미 유대인보다 더 탁월한 교육 교과서를 가지고 있는 셈이다.

문제는 성경의 가치를 얼마나 알고 이것을 교육과 생활에 적용하느냐이다. 이것을 우리가 실천한다면 유대인을 뛰어넘는 교육을 할 수 있다. 왜냐하면 우리는 유대인에게 없는 온전한 성경과 예수 그리스도가 있기 때문이다. 이러한 성경의 원리를 교육에 적용한다면 우리는 유대인 영재보다 더 훌륭한 영재를 양성할 수 있다. 지금 우리가 가지고 있는 66권의 성경은 하나님이 주신 최고의 선물이다. 이보다 더 좋은 교육 교과서는 없다. 성경은 시대가 가도 변하지 않는 영원한 삶의 교과서다. 자손 대대로 영원히 물려줄 책은 오직 성경밖에 없다. 부모님이 유언으로 자녀에게 물려줄 인생의 교과서로 성경만 한 책이 없다.

유대인들이 미완성된 그림자와 같은 토라를 가지고서도 이렇게 성공을 이루었다면, 완성된 신약의 복음을 받은 우리들은 그들보다 더 나은 교육을 할 수 있다. 문제는 이런 힘을 성경 속에서 얼마나 발견하느냐에 달려 있다. 유대인이 토라에서 지식과 인생의 샘을 발견했듯이 우리도 성경 속에서 이것을 찾아 적용한다면 우리는 유대인보다 더 나은 교육을 자손 대대로 유산으로 물려줄 수 있을 것이다.

# 성경을 가지면 누구나 최고가 된다

성경을 통달하면 누구든지 최고가 될 수 있다. 현재 미국이 세계 최강이 된 것은 성경 때문이다. 미국은 청교도들이 성경으로 세운 나라다. 짧은 기간임에도 세계 최고의 국가를 이룩할 수 있었던 원동력은 성경이라 말할 수 있다. 유대인들이 가졌던 성경을 통한 국가 건설과 민족의 우수성을 현재의 미국이 이어가고 있다고 해도 과언이 아니다. 성경이 사라지면 최고의 자리는 무너진다. 한때 유럽의 나라들은 성경을 모토로 세계의 최강이 되었다. 그러나 생활에서 성경이 사라지면서 그 힘을 잃고 말았다. 이전에 유럽에서 최강이었던 영국도 그런 점에서 예외가 아니다. 영국 역시 한때 성경을 기초로 나라를 세웠고 성경의 힘으로 오랫동안 세계 최강을 누려 왔다. 지금은 비록 세계의 주도권이 미국으로 넘어갔지만 그래도 과거의 영향력은 여전하다.

대통령 취임 때마다 인간이 만든 헌법이 아닌 하나님의 가르침인 성

성경 위에 손을 얹은 미국 대통령

영부인이 잡은 성경 위에 손을 얹고 대법원장에게 선서
하는 미국 대통령

경에 손을 대고 성경을 인용하면서 국정을 시작하는 미국의 모습은 우리에게 많은 것을 생각하게 한다. 말씀을 사랑하고 실천하는 국가와 민족을 하나님께서 축복한다는 사실을 새삼 느끼게 된다. 우리 한국도 이런 원리를 붙잡았으면 하는 바람이다. 우리도 언젠가 인간이 만든, 수시로 변하는 헌법이 아닌 변하지 않는 하나님의 말씀에 손을 얹고 국정을 통치하는 날이 오기를 꿈꾸어 본다. 말씀에 순종할 때 주는 축복을 우리 국민이 받는다면 얼마나 좋을까?

## 먼저 성경을 붙잡아라

세상의 모든 것은 성경 안에 다 들어 있다. 뿌리를 잡으면 줄기와 열매는 거져 따라온다. 지금이라도 성경을 붙잡고 교육한다면 하나님의 영재들이 우리 가정에서, 우리 교회에서 태어날 수 있다. 세상의 그 누구도 따라잡을 수 없는 영재가 태어날 수 있다. 이렇게 보면 우리가 관심 갖는 영재교육의 해답은 멀리 있는 것이 아니라 가까운 곳에 있다. 이런 영재교육은 지금 당장 시작할 수 있다. 유대인들에게 토라는 하나의 종교적인 경전이 아니다. 유대인의 생명과도 같은 평생을 지탱하는 책이다.

흔히 사람들은 성경을 기독교의 종교적인 경전 정도로 생각한다. 사람에 따라서 성경은 교육서로 적합하지 않다는 생각을 가질 수도 있다. 특히 종교를 갖지 않은 사람에게 이런 거부감이 생길 수 있다. 그러나 그것은 성경에 대한 편견에서 온 것이다. 성경은 인간의 모든 것이 다 들어 있는 삶의 책이다. 역사, 법, 경제, 교육, 사회, 문화, 과학, 문학, 건강, 종교, 계시 등 우리 일상 속에서 닥치는 모든 문제들이 다 들어 있는 책이다. 즉 우리가 공부하고 있는 교육 내용의 근간이 들어 있다. 성경은 하나님이 인간에게 주신 구원의 책이면서 인생 교과서요, 가르침이다. 우리가 지금 받고 있는 일반교육도 사실 알고 보면 성경을 뿌리로 하여 만들어진 것이 많다.

우리는 하나님이 만드신 세상을 결코 벗어날 수 없다. 성경을 교육하면 기존의 교육에서 할 수 없는 그 이상의 교육을 할 수 있다. 또 성경을 교육하면 모든 교육의 근원을 자연스럽게 교육하는 것이 된다. 즉 교육의 원리를 공부하는 셈이다. 지금이라도 교육이 성경을 붙잡으면 그것은 우리가 그토록 찾기 원했던 교육의 원리를 갖는 것이 된다. 이것은 대안(代案) 교육이 아닌 바로 "교육 그 자체"를 지향하는 원형(原形) 교육이다. 대안은 많은 것 중에 또 다른 대안을 의미한다. 대안은 이제 종지부를 찍어야 한다. 계속 교육실험만 하다가 인생을 마칠 수 없다. 이제는 대안이 아닌 하나님이 원하셨던 그 교육의 원형을 찾는 일이 시급하다.

성경은 모든 것의 뿌리를 제공한다. 성경을 토대로 하는 교육은 교육의 원형을 발견한다는 점에서 아주 획기적인 일이다.

## 영재교육의 뿌리는 성경이다

세상을 넘어서는 뛰어난 교육을 하고 싶은가? 그러면 하나님과 성경을 붙잡으라. 왜냐하면 그것이 인간의 근원이기 때문이다. 남들이 따라잡지 못하는 탁월한 영재성과 상상력은 뿌리에서 나온다. 뿌리에 충실한 것이 곧 영재교육의 비결이다. 하나님을 아는 것이 지혜와 모든 지식의 근본이다.

"여호와를 경외하는 것이 지식의 근본이거늘" (잠언 1:7)
"여호와를 경외하는 것이 지혜의 근본이요 거룩하신 자를 아는 것이 명철이니라" (잠언 9:10)
"여호와를 경외하는 것이 생명의 샘이라" (잠언 14:27)

우리가 교육에서 다루는 지식과 지혜의 시작은 모두 하나님에게서 나온다. 교육의 뿌리는 하나님이다. 이것은 우리가 명심해야 할 아주 중요한 교육의 원리다.

세상 교육은 중요한 이 부분이 빠졌다. 뿌리가 없으니 조금 지나면 시들해지고 늘 그 자리에서 맴돌 수밖에 없다. 설사 교육의 발전을 어느 정도 이루었다 싶다가도 다시 원점으로 돌아가는 것은 바로 이런 이유 때문이다.

성경은 하나님을 알게 해주는 책이다. 우리가 성경을 공부하고 배우는 이유는 그것을 통해 하나님을 점점 더 알아가기 위해서다. 세상 교육에는 하나님이 없다. 하나님이 없다는 것은 교육의 뿌리가 없음을 의미한다. 설사 세상의 영재교육이 뛰어나다고 해도 그것은 진정한 영재를 만들지 못한다. 그것은 마치 뿌리 없는 죽은 나무를 붙잡는 것과 같다. 얼마 지나면 힘이 빠진다. 그렇게 많은 공부를 하고 영재성이 뛰어난 사람도 어

이스라엘 정통 마을의 예시바 학교 앞에 서 있는 랍비와 학부모들

느 날 문제가 닥쳤을 때는 비참하게 무너지고 인생의 허무함을 느껴 자살하는 경우가 생긴다. 왜 그럴까? 그 안에 생명이 없기 때문이다. 하나님이 없는 공부는 아무 의미가 없고 공허하다. 이것이 세상 교육이 가지는 한계점이면서 큰 문제점이다.

세기의 영재였던 솔로몬은 전도서에서 공부에 대해 이렇게 말했다.

"내 아들아 또 이것들로부터 경계를 받으라 많은 책들을 짓는 것은 끝이 없고 많이 공부하는 것은 몸을 피곤하게 하느니라" (전도서 12:12)

하나님이 빠진 공부는 하면 할수록 피곤하고 교만하게 된다. 나중에는 허무하다. 우리 크리스천 부모와 교사들은 이런 교육의 문제점을 분명히 알고 그것에 대한 대처가 필요하다.

우리 교육은 대부분 국어, 영어, 수학과 같은 몇 과목에 집중되어 있다. 그것만 잘하면 공부를 잘한다고 말한다. 그러나 유대인에게 공부는 하나님의 말씀을 배우는 것이다. 일반 공부도 결국은 하나님의 말씀을 잘 이해하기 위해 존재한다. 공부의 목표가 분명하다. 물론 유대인들도 세상의 지식을 가르친다. 그러나 하나님의 말씀을 배우는 데 더 시간을 많이 할애한다. 한국은 교육열이 대단하다. 그런데 그 교육열은 영어교육과 예능교육 같은 몇 가지에 집중되어 있다. 그러나 유대인의 교육열은 성경교육이다.

정통 유대인은 자녀를 일반 공립학교에 보내는 경우가 거의 없다. 이들은 예외 없이 예시바 학교에 자녀를 보낸다. 예시바 학교는 성경을 기본으로 가르치는 유대인 학교다. 예시바 학교는 유대인이 사는 세계 모든 나라에 흩어져 있다. 이들의 교육과정을 보면 오전에는 성경 교육을, 오후에는 일반 교육을 한다. 예를 들면 오전 7시 30분에서 54분간 아침 기도를 드린다. 9시부터 12시 30분까지 성경과 탈무드로 말씀 교육을 한다. 그리고

토라와 탈무드를 공부하는 예시바 학교 내부 모습

오후에 4시간 정도는 일반 학문을 가르친다. 60%는 신앙 교육이고 나머지 40%는 일반 교육이다. 대학에 들어가기 전까지 이런 교육을 한다. 오전 내내 성경을 공부하면 마음이 더 집중된다. 하나님의 지혜를 받으면 세상 사람들이 10시간 공부하는 것을 1시간만 공부해도 따라갈 수 있다고 그들은 생각한다.

유대인은 사람의 머리로 공부하기보다는 하나님이 주시는 지혜로 공부를 한다. 대학에서도 조기 졸업하는 학생들이 많다. 실제 예시바 학교를 졸업한 유대인 자녀들이 미국의 명문대학에 입학하는 수는 일반 학교 출신의 학생들과 비교할 수 없을 정도로 차이가 난다. 가장 좋은 학교는 유대인 자녀가 먼저 들어가고 그 나머지가 일반 학교 출신 학생들이다. 미국 대학진학 성적 시험인 SAT에서 1천4백 점 이상 학생이 유대인 학생들 중에 많다. 실제 미국 아이비리그 대학의 30%가 유대계 학생들이다. 유대인의 인구에 비하면 대단한 숫자다. 학과 공부를 더 많이 한 학생들보다 성경을 공부한 유대인 학생들의 성적이 더 좋다는 통계는 우리에게 시사하는 바가 많다. 당장은 학과에 뒤처지는 것 같지만 나중에는 다른 사람이 따라갈 수 없는 탁월한 능력을 발휘한다. 유대인 중에 뛰어난 석학들이 많은 것은 하나님이 성경을 통해 주신 지혜 때문이다.

물론 이것은 우리에게 쉽게 이해가 안 되는 일이다. 특히 하나님의 지혜를 과소평가하거나 믿지 않은 사람에게는 어리석은 말이 될 수 있다.

미국 예시바 고등학교의 랍비와 학생들

랍비와 공부하는 예시바 학교 교실 모습

그러나 정말 하나님의 지혜의 위력을 안다면 우리도 이렇게 한번 시도해볼 수 있다. 일종의 예시바와 같은 기독교 교육을 지향하며 세워진 우리나라 대안학교 교과과정을 보면, 학년별로 일주일에 성경공부 2시간 정도가 대부분이다. 성경은 많은 과목 중 하나인 형식적인 과목일 뿐이다. 유대인 학교에서 오전 내내 가르치는 것과는 비교할 수 없다. 우리나라의 기독교 대안학교는 대부분 이런 수준이다. 아직 성경에 기초한 교육이 되지 못하고 일반 과목이 대부분을 차지한다는 점에서 일반 학교와 거의 다를 바가 없다. 유대인 예시바 학교와 비교해 보면 시간 배정에서 확연히 차이가 난다. 정말 지식의 근본이 하나님이심을 믿는다면 이런 교육이 가능할 수 있는데, 아직 우리에게 그런 교육은 멀기만 하다.

성경에 대한 믿음을 가지고 성경을 50% 정도로 학교 교과목에 과감히 넣을 수 있는 그런 날이 하루 빨리 오기를 고대한다. 늘 마음속에 필자가 꿈꾸고 있는 기도제목은 한국에 이런 학교를 세우는 일이다. 일반 사람들이 보기에는 현실성 없는 바보 같은 일이겠지만 말씀의 힘을 믿는다면 충분히 가능하리라 믿는다. 언젠가는 꼭 이루어질 줄 믿고 지금도 그날을 위해 준비하고 있다. 유대인이 구약을 가지고 한 이 일을 신약 복음을 가지고 있는 우리가 하지 못하라는 법이 없지 않은가?

## 한국인과 세계인을 위한 탈무드를 만들어라

유대인에게 토라는 생명과 같은 책이다. 토라 없는 유대인은 생각할 수 없다. 그러나 토라를 이해하는 것은 그리 만만하지 않다. 토라에 깊게 들어가기 위해서는 토라를 해석하고 적용할 수 있는 교육자료가 필요하다. 유대인들은 자신의 역사에서 실패를 경험하면서 토라를 생활 속에서 적용할 수 있는 국민적 평생 교과서를 만들었는데 그것이 탈무드다. 이것은 단번에 만들어진 것이 아니라 수많은 랍비들에 의해 수천년을 걸쳐 구전과 편집을 통해 만들어진 것이다. 지금도 탈무드는 진행형이다.

탈무드를 통하여 그들은 신앙뿐 아니라 교육도 함께 하는 구조를 갖고 있다. 신앙과 교육의 두 마리 토끼를 성경을 통해서 잡은 것이다. 그들은 토라를 해석한 구전의 지혜들을 모아서 편집했다. 그것을 토라와 함께 국민적 교과서로 각 가정에서 어릴 때부터 공부하게 만들었다. 이 힘은 나라가 사라진 가운데서도 유대인을 생존하게 만들었고, 지금까지 전 세계에 흩어져 사는 600만 명 이상의 유대인들을 하나로 모으는 강력한 힘이 되고 있다. 아울러 자손 대대로 신앙과 교육을 전수함으로 유대인의 탁월성을 계속 이어가게 만들었다. 이것은 어느 나라도 감히 생각지 못한 유대인이 가진 놀라운 교육의 힘이다. 탈무드 책 하나로 만든 위대한 역사를 우리는 본받아야 한다.

이런 원리를 인류가 함께 공유한다면 얼마나 좋을까? 문제는 생각만 해서는 안 된다. 이것을 위해서는 구체적인 교육자료가 필요하다. 유대인은 수천년 동안 자손 대대로 방대한 말씀 소프트웨어인 탈무드를 만들었다. 자손 대대로 물려줄 수 있는 자기들만이 국민적 교육 교과서인 셈이다. 우리가 유대인 교육을 넘보기 힘든 이유는 바로 탈무드에 있다. 그것은 돈과 물질로 단번에 해결될 수 있는 것이 아니다. 오랜 수고와 수많은 사람들의 희생과 노력이 있어야 가능한 일이다.

한국교회는 하드웨어는 많지만 소프트웨어가 절대 부족하다. 하드웨어는 결국 사라진다. 이스라엘 성전이 사라진 것처럼 웅장한 교회 건물도 언젠가는 사라질 것이다. 그러나 소프트웨어는 수천년을 이어간다. 특히 성경을 살리는 책과 교육교재는 성경이 있는 한 존재할 것이다. 유럽교회의 화려하고 거대한 예배당들이 지금은 텅 빈 채 흉물스럽게 자리를 지키고 있다. 왜 그들은 그렇게 부흥했던 시기에 탈무드와 같은 성경 교육자료를 만들어 다음 세대를 교육하지 못했을까 의문이 든다. 역사적 교훈을 깨닫지 못하고 우리가 그것을 반복한다면 과연 우리의 미래는 어떻게 될 것인가?

## 한국인 탈무드를 만드는 작은 도전기

필자는 20년 전에 이런 생각을 하면서 나름대로 우리에게도 탈무드

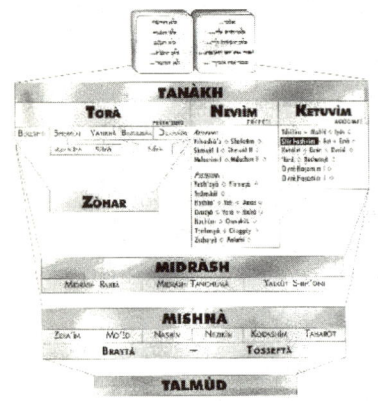

**La Tradizione Ebraica**

Questo schema riporta l'elenco dei vari libri sacri della tradizione ebraica dalla Tavole della Legge (2448 del calendario ebraico, 1312 a.e.v.) alla codificazione della *halachà* secondo lo *Shulchàn Aruch* (5282 del calendario ebraico, 1521 d.e.v.).

유태인 교육구조 (타나크(토라, 느비임, 크투빔)
-미드라쉬-미쉬나-탈무드)

와 같은 책이 있었으면 좋겠다는 생각을 해 보았다. 감히 엄두가 나지 않는 일이지만 꿈을 갖고 시작하면 가능할 것이라 믿고 있다. 성경이 있음에도 그 가치를 잘 알지 못하고 점점 더 성경에서 멀어지는 세대를 보면서 이런 마음이 더 간절하다. 성경을 살리기 위해서는 성경 하나만으로는 안된다. 성경을 드러내고 성경의 가치를 알리기 위해서는 성경을 연구하는 교재들이 다양하게 소개되고 알려져야 한다. 탈무드는 토라를 약화시키기보다는 토라의 가치를 더 높이는 역할을 했듯이 성경을 연구하는 다양한 교재들이 만들어진다면 성경의 가치는 더 귀하게 생각될 것이다.

그래서 필요한 것이 우리도 일차적으로 미쉬나와 같은 해석교재를 갖는 일이다. 물론 현재도 성경의 주석서들이 많이 나와 있다. 그러나 그것은 목회자와 학자들은 사용할 수 있지만 일반 가정과 평신도에게는 너무 어렵다. 쉽게 성경을 해석하고 토의하면서 성경의 의미를 찾아가고 본문을 중심으로 해석력을 키우는 주석적 교재가 필요하다. 물론 여기에는 신앙뿐 아니라 공부와 교육적인 효과도 함께 고려해야 할 것이다.

필자가 그 방법으로 택한 것이 성경교재다. 주입식 설명이 담긴 교재보다는 유대인이 탈무드에서 사용했던 질문식 방법을 최대한 사용하여 성경교재를 질문식으로 구성하는 것이었다. 그리고 성경교재를 공부하는 것이 아닌 성경 자체를 공부하는 방법으로 교재를 단순하게 구성했다. 성경을 문자가 아닌 사건과 이야기로 보면서, 그 이야기를 질문들을 통해서 오늘의 이야기로 이끄는 해석적 방법을 교재에 적용했다. 그동안 주로 사용한, 필요에 따라 구절을 찾아 공부하는 면역적 방법보다는 직접 본문과 책을 공부하는 것에 중심을 두었다. 물론 여

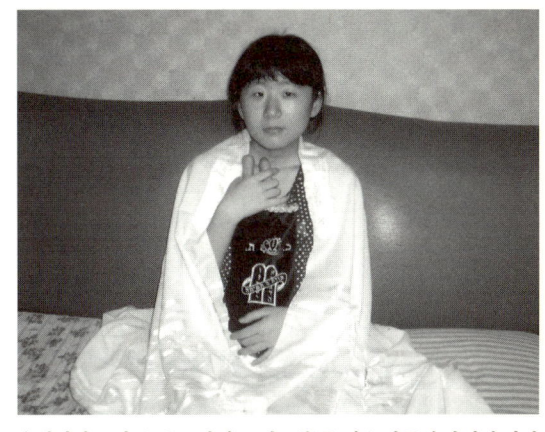

유대인의 토라를 들고 탈리트(기도복)를 입은 한국인 가정의 자녀

기에는 유대인들이 사용했던 이야기와 질문, 귀납적 방법을 함께 적용했다. 누구든지 어렵지 않게 흥미를 가지고 함께 질문에 참여하면서 성경을 공부하면 자연히 논술과 토론과 질문과 해석적 능력이 키워지게 될 것이다. 이야기와 질문과 대화를 통해 관계가 좋아지고 또 모든 세대가 함께 참여할 수 있는 탁월한 교육 방법이다. (필자는 이런 성경공부 방법을 "이야기대화식성경연구"라고 이름 붙여 15년 동안 현장에 적용하고 있다.)

성경연구를 통해 분석력, 관찰력, 해석력, 논리력, 창의력이 자연적으로 해결되면서 학교 공부는 덤으로 잘할 수 있다. 이것을 교회와 가정에서 일대일 소그룹으로 한다면 우리도 유대인처럼 탈무드 방식의 교육이 이루어질 수 있다.

이것을 위해 시작한 것이 성경교재를 만드는 일과 틈틈이 성경을 적용하는 프로그램과 단행본들을 집필하는 일이었다. 다양한 사람들이, 다양한 주제를 가지고 전 생애에 걸쳐서 성경을 공부하기 위해서는 성경공부 교재와 지침서들이 다양하게 제시되어야 할 필요가 있다. 궁극적인 목

적은 교재를 통해서 뿌리인 성경 속으로 들어가는 것이다.

이런 마음으로 20년 동안 계속한 결과, 감사하게도 지금까지 성경교 재가 140여 권 개발되어 출판되었고 성경 응용 지침서와 프로그램 단행본들이 40여 권 출판되었다. 이런 일들은 필자가 오래전부터 가슴에 품었던 토라—미드라쉬. 미쉬나—탈무드와 같은 유대인의 교육구조에 도전을 받고 한국적 상황에서 다시 적용한 것이다. 이런 교재들을 만드는 일은 홀로 가는 길이었기에 어려움이 많았지만, 20년 후 오늘에 이런 작은 기적을 이루게 하심으로 하나님의 꿈에 동참하게 된 것을 생각하면 그저 감사할 뿐이다. (필자가 개발한 교재는 부록을 참조)

필자의 미약한 시작이지만 다음 세대에는 이것을 기초로 우리나라도 탈무드와 같은 성경을 근거로 한 놀라운 국민적 교과서가 탄생되기를 소원하는 마음으로 지금도 이 일을 계속하고 있다. 그날이 수십 년 아니면, 수백 년이 지난 어느 날이 될지 모르지만 이 꿈이 분명히 이루어질 줄 믿는다. 이것이 한국민뿐 아니라 전 세계적으로 공유할 수 있는 복음이 되기를 소원한다. 각국에 흩어져 있는 2만여 선교사들과 전 세계에 흩어져 살고 있는 700만 명 이상 디아스포라 한국인을 통하여 성경의 위대함과 성경의 주인공인 예수님이 교육을 통해 온 세계에 전달되기를 기도하고 있다.

지금의 위대한 책으로 불려지는 유대인 탈무드도 처음에는 한 랍비에 의해서 시작되었다. 한 랍비는 이스라엘이 바벨론 포로 이후에 무너진 성전과 황폐화된 약속의 땅을 보면서 영원히 사라지지 않는 성전과 약속의 땅을 마음속에 세우는 일이 곧 말씀교육이라 생각했다. 그리고 그것을 위한 교재가 필요하다고 생각하여 흩어진 구전들을 모아 책을 만드는 일을 시작했는데 이것이 오늘날의 탈무드가 되었다. 바라기는 미약한 한 사람의 작은 출발점이 한국교회와 세계의 희망이 되는 데 기여가 되었으면 한다. 예즈덤영재교육은 이런 여정 속에서 태어난 것이다.

## 성경영재로 승부를 걸어라

우리 주변에는 다양한 영재교육 프로그램들이 많다. 물론 이런 영재교육은 재능을 강조한 영재(英才)교육이다. 부모들은 어릴 때부터 자녀들을 영재로 만들기 위해 많은 노력을 한다. 예를 들면 수학영재, 과학영재, 영어영재, 언어영재, 예능영재 등이다. 우리나라 학과목도 이런 구조로 형성되었다. 국어, 영어, 수학 등에 집중된 과목 편성은 그것을 잘 말해 준다. 문제는 기본이 빠져 있다는 데 있다. 마치 뿌리가 없는 열매를 맺는 것과 같다.

지금 학교에서 공부하고 집중하는 영재교육은 인생의 중반부에서부터 맺히는 열매를 억지로 맺으려는 것과 같다. 처음부터 이것을 바라보면서 그것에만 집중하는 것은 결과주의 교육이고, 나중에는 불행해질 가능성이 더 크다. 왜냐하면 인생은 그렇게 생각했던 것처럼 되는 것이 아니기 때문이다. 인생에는 예측할 수 없는 수많은 변수가 있다. 인생은 자기 뜻대로 가지 않는다. 하고 싶은 일을 하는 사람도 있지만 대부분은 원하지 않지만 하는 경우가 더 많다. 한 통계에 의하면 우리나라 국민 65%가 원하지 않는 직업에 종사하고 있다고 한다. 재능은 일시적이며 사라진다.

또 변한다. 재능은 여건이 안 되면 한번 펴보지도 못한 채 꽃이 질 수도 있다. 갑자기 전쟁이 나거나, 질병과 사고로 인하여 문제가 닥치면 인생은 전혀 다른 방향으로 나가게 된다. 이런 것을 미리 예측하지 못하고 인생을 살다가 갑작스러운 문제에 봉착하면 어려움에 처하게 된다.

이렇게 보면 교육은 인생의 기본을 세워 주는 데 중심을 두어야 한다. 그래야 어떤 어려움과 돌발 상황이 생겨도 이겨 나갈 수 있고 계속 뻗어 나갈 수 있다. 재능 중심의 영재교육은 인간을 물질화, 기계화할 수 있는 위험이 있다. 어릴 때부터 자녀를 영재로 만들기 위해 영어, 수학, 과학 영재교육에만 몰입하는 것은 위험한 도전이며, 아이를 불행하게 만들 가능성이 높다는 것을 부모들은 기억해야 한다. 기본이 안 되었는데 거기에 무엇을 쌓은들 무슨 소용이 있겠는가? 그것은 결코 행복한 교육이 될 수 없다.

그렇다면 어떻게 시작하는 것이 좋을까? 어릴 때는 가장 먼저 인성을 키우는 일에 집중해야 한다. 인성을 키우다 보면 재능은 자연히 해결된다. 인성을 키우는 길은 오직 하나, 성경이다. 성경을 통하여 인성이 함양된다. 인성 교재로는 성경만 한 교재가 없다. 우리는 엄마의 잔소리로 인성교육을 하고자 하지만 그것이 만만치 않다. 성경에 능통하는 것은 지식이나 재능이 아닌 곧 인성에 집중하는 것을 의미한다. 유대인들이 어릴 때 성경영재 만들기를 모두의 목표로 삼는 것은 그것이 인생을 결정하기 때문이다.

우리도 어릴 때는 무엇보다도 성경으로 자녀를 키우는 일에 집중해야 한다. 그렇다면 아이들을 성경영재로 만드는 일이 어느 교육보다 우선이다. 그 일이 된 후에 재능 영재로 나아가야 행복한 자녀가 된다. 그리고 어떤 상황에서도 문제를 해결할 수 있는 사람이 된다. 재능은 인생의 어려움을 이기게 해주지 못한다. 인간에게 닥치는 죽음과 병과 고난에 대해서 재능은 답을 주지 못한다. 그렇다면 자녀들에게 무엇을 먼저 심어 주어야 하며 훈련해야 하는지 답이 나온다. 성경영재가 답이다.

지금이라도 성경영재에 승부를 걸어 보자. 거기에서 힘을 얻고 거기에서 인생의 성공을 꿈꾸자. 하나님이 주신 나의 재능을 발견하도록 하자. 하나님의 영광을 위해 자신을 드릴 때 하나님은 우리에게 놀라운 은사를 허락하시고 재능을 주실 것이다.

부모여, 평생 승리하는 자녀로 키우고 싶은가? 그렇다면 자녀를 어릴 때 성경영재로 키우자. 필자가 제시한 예즈덤영재교육 프로그램에 따라 성경교재나 자료의 도움을 받아도 좋을 것이다.

# 행복한 인간을 만드는 영재교육을 하라

## 우리 영재교육의 문제점

영재(英才)라는 말의 사전적 정의는 "그 분야에 뛰어난 재주를 가진 사람"을 의미한다. 즉 영재교육은 꽃봉오리가 피듯이 그 분야에 탁월한 능력을 발휘하는 사람을 만드는 교육이다. 예를 들면 음악 분야에 뛰어난 능력을 발휘하면 음악 영재, 미술 분야에 뛰어나면 미술 영재, 과학 분야는 과학영재 등으로 영재라는 말은 모든 분야에 적용된다.

그러나 이런 적용은 영재의 의미를 미술, 기술, 음악 등의 기능적인 분야에 뛰어난 사람으로만 오해할 수 있다는 데 문제점이 있다. 주로 물질적인 의미에서 탁월성과 효율성을 강조한다. 기능적으로 보면 그 분야에서 1% 안에 들어가니까 마치 성공하는 것 같지만 실제는 성공과 무관할 수 있다. 인간은 기계적인 존재가 아니다. 기계는 물건을 만들어 내지 못하면 폐기 처분한다. 공산주의는 이런 인간관을 가지고 있다. 공산주의는 인간을 경제적인 동물로 생각하고 생산의 도구로 이해를 했는데 영재교육도 잘못하면 이런 문제를 지닐 수 있다. 아무리 그 분야에서 뛰어난 사람일지라도 재능이 그를 곧 행복하게 해주지는 못한다. 오히려 불행해질 가능성이 더 많다. 인간은 물질적인 존재이면서 또한 영적인 존재다. 인간에게서 인간성 부분을 빼버리면 인간은 동물과 같다. 기존의 영재교육의 가장 큰 문제점은 인간적인 부분은 제외하고 물질적인 부분에 치중하는 데에 있다. 우리는 이런 교육을 매우 조심하고 잘 분별하여 교육해야 한다.

## 다중지능이론의 한계점

미국 하버드 교육대학원 교수인 하워드 가드너(Howard Gardener)는 인간에게는 "8가지 지능(Eight Kinds of Intelligence)"이 있다고 주장함으로써, 세계 교육계에 큰 파장을 일으켰다. 가드너의 '다중지능이론'은 대부분의 영재교육의 기본으로 삼고 있는 구조다. 지금 우리가 행하고 있는 영재교육은 거의 이 틀에 근거하고 있다. 그는 인간에게 크게 8가지 종류의 지능이 있다고 말하고 있다. 예를 들면 ①언어지능 ②논리·수학지능 ③신체·운동지능 ④공간지능 ⑤음악지능 ⑥대인관계지능 ⑦개인이해지능 ⑧자연탐구지능이다. 보통 영재교육은 이중에 하나 또는 둘 이상을 계발해 주는 것으로 이해를 한다.

'다중지능이론'은 교육계에서 높은 평가를 받고 있는 탁월한 이론이다. 그러나 한 가지 큰 문제를 지니고 있다. 그것은 인간을 기능적인 측면에서 오해할 소지가 많다는 것이다. 가드너 이론의 가장 큰 문제점은 인간성이 빠져 있다는 것이다. 가드너의 8가지 기능은 지금 거의 컴퓨터가

수행하고 있는 실정이다. 이런 이론은 인간을 과학적(심리학적) 구조에서 바라본다. 우리가 시행하는 영재교육의 대부분은 이런 이론에 근거하여 구성되었다. 이것을 잘못 적용하면 오히려 인간성을 파괴할 수 있다. 자 첫 뿌리와 생명이 없는 교육이 되므로 갈수록 메마른 교육이 될 수 있다. 인간의 본성과 영혼에 대한 부분은 무시한 채 기능과 실용적인 교육에 치 중함으로써 결과적으로 인간성을 파괴하는 문제가 생긴다. 인간은 예술 과 과학과 언어를 가진 생물 이상의 존재다. 그럼에도 그것을 무시하고 인간을 전문화, 특성화시키는 것은 인간을 피폐하게 만드는 결과를 초래 할 수 있다.

유대인 교육은 현대 교육이론과 다르다. 근본적으로 유대인 교육은 인간성 부분을 토라와 탈무드로 교육한다는 점에서 현대 교육이론이 제시 하지 못하는 힘을 가지고 있다. 여기에 유대인 교육의 위대함이 있다. 이 원리를 우리에게도 적용한다면 시대를 초월하는 교육의 가능성이 보인다. 가드너의 이론은 원리보다는 방법에 치중하는 듯한 면이 있다. 그런 점에 서 원리를 보완할 필요가 있다. 인간을 언어적인 사람, 수학적인 사람, 신 체적인 사람, 자연적인 사람, 공간예술적인 사람 등으로 구분하는 것은 사 람의 본질을 무시한 처사다. 그렇게 되면 인간은 기능자로 전락하고 만다. 자기 기능을 찾아 그것을 극대화하는 영재교육에 앞서 전인적인 측면에서 영재교육을 먼저 이해할 필요가 있다. 전인적인 인간 교육을 원리로 삼고 그것에 따라 자기에게 주어진 기능적인 것을 적용한다면 가드너 이론은 빛을 발할 수 있을 것이다.

## 영재(英才)에서 영재(靈材)로

교육을 계속 살아나게 하는 길은 무엇일까? 그것은 생명이다. 교육에도 생명이 필요하다. 교육의 뿌리에 생기를 불어넣는 생명교육이 우선이다. 이제는 새로운 차원의 영재교육이 요구된다. 기존의 영재는 그 분야에 뛰어난 재주를 가진 영재(英才)를 의미한다. 그러나 필자가 제시하는 영재는 일반 영재와 아울러 영적인 능력을 탁월하게 발휘하는 인재로서 영재(靈材)를 통합한 의미다. 이것은 본래의 인간의 가치를 회복하는 생명교육이다. 재능만 가진 영재 이전에 하나님의 형상을 회복하는 영적인 인재를 만드는 영재교육을 의미한다.

영적인 영재는 재주를 지닌 영재보다 우선한다. 인간의 영적 가치 위에 육신적인 기능인 언어, 음악, 논리 수학, 신체, 대인관계의 지능을 부여하는 교육이 필요하다. 이렇게 되면 먹든지 마시든지 무엇을 하든지 다 하나님의 영광을 위한 교육이 된다. 이것은 각 분야에 생명을 불어넣는 새로운 패러다임의 교육이다. 기존의 영재교육은 생명교육을 제외한다. 그러나 필자가 제안하는 영재교육은 생명을 불어넣어서 기존의 영재교육의 뿌리를 찾아 강화시키고 보완하며 새로운 차원으로 발전시키는 것이다. 궁극적으로는 자기에게 주어진 달란트를 가지고 하나님과 이웃을 섬기는 행복한 영재를 만드는 데 목적이 있다. 자기만 행복한 것이 아닌 하나님과 이웃과 사회와 인류 등 모두를 행복하게 하는 영재(靈材)를 목표로 한다.

참된 영재로 키우기 위해서는 정확한 교육의 목표와 방향을 잡는 일

성경으로 창의블록을 만드는 예즈덤영재교육 교구

이 중요하다. 방법보다 원리가 우선이다. 방법은 언제나 원리에서 나와야 하는데 우리는 원리보다 방법을 더 우선했다. 실용과 결과 중심의 교육은 방법에 더 관심을 둔다. 이런 교육은 진정한 의미에서 응용력과 창의력을 발휘할 수 없다. 생명을 불어넣는 인간 중심의 영재교육은 먼저 성경의 기초 위에 시행될 때 가능하다. 이것은 성경만 가르친다는 것이 아니라 성경을 기초로 모든 교육이 행해져야 함을 의미한다. 우리가 정말 참된 영재를 꿈꾼다면 지금부터라도 먼저 원리인 성경으로 기초를 세워야 할 것이다.


## 원리 중심의 교육


왜 성경을 먼저 가르치고 그 이후에 일반 공부를 하는 것이 좋을까? 유대인들은 이 원리를 일찍 터득한 사람들이다. 세상의 모든 것은 말씀을 통해 창조되었다. 그렇다면 교육 역시 성경 속에서 이루어져야 한다. 성경교육과 학교교육은 분리된 것이 아닌 하나로 통합된 것이다. 유대인들은 3~4살 이후에 말을 배우기 시작하면 가장 먼저 가르치는 것이 토라 즉 성경이다. 토라를 외우게 하고 그들의 마음판에 토라를 완전히 새기는 일을 초등학교 때까지 집중한다. 어릴 때부터 성경을 교육하는 일에 힘을 쓴다.

구약성경 중에 모세오경이라고 불리는 토라는 구약에서 기본이 되는 책이다. 즉 창세기 · 출애굽기 · 레위기 · 민수기 · 신명기를 말한다. 이 다섯 권의 책은 구약 성경의 뿌리가 되는 책이다. 나머지 예언서와 역사서와 성문서는 토라를 해석하고 적용하는 책들이다.

성경으로 글자를 배우는 에즈덤 낱말카드

토라 5권만 공부하면 결국 성경 전체를 공부하는 것이 된다. 모든 원리가 토라에서 나오기 때문이다. 유대인은 토라를 어릴 때부터 마음에 새기고 암송하게 한다. 매일 쉐마(신 5:6)를 암송하고 성경과 일치시키는 삶을 살게 한다.

우리나라는 어릴 때 성경보다는 음악, 미술, 수학, 영어 등에 치중한다. 우리는 대부분 아이가 태어나자마자 한글과 영어를 듣게 한다. 그림을 그리게 하고 구구단을 외우게 한다. 그러나 유대인들은 성경을 가르치는 일에 더 치중한다. 그리고 나중에 점점 다른 일반 공부를 한다. 우리와는 거꾸로 된 교육 방법이다.

유대인들은 세상의 지식을 배우기 위함이 아니라 성경을 읽고 쓰고 배우기 위해서 글과 언어를 배운다. 모든 공부는 성경 때문에 존재한다. 그들은 공부의 이유를 분명히 알고 있는 것이다. 유대인의 교육은 철저히 성경에 뿌리를 두고 있다. 왜 그럴까? 그들은 성경이 곧 인간의 생명을 불어넣는 것이라고 믿기 때문이다.

# 고차원에서 저차원으로
# 가는 교육을 하라

## 저차원에서 고차원으로 가는 교육

우리는 저차원에서 점차 고차원으로 가는 교육을 한다. 예를 들면 쉬운 것에서 점차 어려운 공부를 한다. 대학에 가서는 어렵고 힘든 공부를 한다. 고차원에 해당하는 성경은 어른이 되어서 인생을 어느 정도 살면 그때 배우는 것으로 생각한다. 마음과 머릿속이 이미 세상 것으로 다 정립이 된 후에 가장 고차원에 속하는 성경을 넣으려고 하니 어려울 수밖에 없다. 나이가 든 사람들에게 물어보면 공부 중에 성경공부가 가장 어렵다고 한다. 어쩌면 당연하다. 내 생각과 가치관이 확립된 후에 성경을 배우고 이해하려니까 더 힘들 수밖에 없다. 우리가 경험하듯이 어른이 되어서 하는 성경교육은 어릴 때 하는 것보다 몇 배나 힘들다.

그렇다고 일반 공부가 쉽게 느껴지는가? 그렇지 않다. 오히려 일반 공부는 하면 할수록 흥미가 떨어지고 학교를 졸업하면서 배움도 함께 졸업한다. 왜 그럴까? 그것은 생명과 뿌리가 없기 때문이다. 일반 교육에서는 하나님의 영감을 얻을 수 없다. 진정 살아 있는 교육이 되기 위해서는 출발점이 성경의 영감이 되어야 한다. 일반 교육은 생명이 없다 보니 자연히 성경과 반대적인 삶을 살 수밖에 없다. 이런 교육방법은 가면 갈수록 어렵고 피곤하다. 나중에는 영혼까지 죽게 된다. 지금 우리 교육은 이런 현상을 그대로 따라가고 있다. 갈수록 공부가 피곤하고 재미가 없다. 중고등학교와 대학으로 갈수록 점차 공부가 힘들다. 대부분의 학생들은 공부에 지친다. 대학에 가기 위해서 어쩔 수 없이 공부를 하지만 거의 즐거운 마음으로 하지 않다. 그리고 대학을 졸업하면 대부분 공부도 함께 졸업한다. 공부에 재미를 느끼지 못하기 때문이다.

또 한 가지 이유는 교육의 진행과정이 점차 어려운 공부로 나가다 보니 순위가 매겨지고 나중에는 1% 영재만 남게 된다. 이런 공부는 경쟁으로 1%를 선별해 낸다. 저차원에서 고차원으로 가는 세상 공부는 철저히 경쟁이다. 공부를 잘하고 못하는 것도 경쟁을 통하여 순위를 결정한다. 그런 교육에 익숙하면 다른 사람과 함께 하는 공부가 아닌 다른 사람을 죽이는 공부를 할 수밖에 없다. 설사 공부에서 1등을 차지한다 해도 나중에는 시기, 질투, 욕심, 자만, 패배만 남게 될 수 있다. 공부로 인한 스트레스가 많은 것도 다 이런 이유 때문이다. 모두가 함께 사는 블루오션이 아닌 모두를 죽게 하는 피바다와 같은 레드오션 교육이 되기 때문이다. 경쟁으로 공부하기에 이웃을 섬기기보다는 오직 자기만을 위해 공부를 한다. 나만의 개성을 추구하는 공부가 아닌 남과 비교하는 교육이 된다. 개성보다 경쟁을 추구하면 결국 모두를 죽게 만든다.

현재 우리 교육은 거의 이런 형태로 둘러싸여 있다. 어디를 가도 경쟁 없는 교육은 생각할 수 없다. 그러나 경쟁교육은 누구도 승자가 되지 못하는 실패한 교육임을 깨달아야 한다. 교육은 사람을 살리는 데 목적이 있다. 교육이라는 이름으로 누군가를 죽이고 밟고 올라선다면 잘못된 방향으로 가고 있는 것이다. 우리가 많이 배우고 공부하는 것은 이웃과 더불어 살아가고 서로 사랑하기 위해서다. 그러나 지금의 교육은 경쟁을 목표로 삼다 보니 교육의 목적을 상실하고 말았다.

유대인들이 자주 드나드는 유대인 정통 마을 서점

이렇게 20여 년 교육을 하다 보면 자신도 모르게 인성은 파괴되고, 설사 목표를 이루었다 해도 나만 아는 이기적인 사람이 될 수밖에 없다. 오히려 교육이 사람을 살리기보다는 망치는 상황이 된다. 경쟁에서 이긴 사람은 교만해지고 지는 사람은 좌절한다. 이래저래 실패한 교육이 된다. 결국 승자 없는 모두가 실패한 교육이 되고 만다.

지금 우리의 교육구조가 이런 방향으로 나가고 있는 것은 가슴 아픈 일이다. 이것은 특목고와 영재학교를 수없이 만든다고 해서 해결될 일이 아니다. 기본적인 교육 뼈대가 잘못되었기에 거기에서는 행복을 찾을 수 없다. 오히려 교육을 받으면 받을수록 덕과 인자함과 사랑이 넘치기보다는 무섭고 강퍅하고 교만해진다. 그런데 우리는 그동안 이런 교육에 익숙해져 있고 잘못인 줄 알면서도 모두 그 방향으로 가고 있는 것이다. 특별한 대안이 없기에 문제점을 알면서도 모두가 그 길을 달려가고 있다. 자녀교육도 결국 이런 사회의 교육구조를 넘지 못하고 그 안에서 맴돌고 있다. 이런 교육에 학교와 부모와 자녀들이 대책 없이 올인하고 있으니 얼마나 가슴 아픈 일인가?

## 고차원에서 저차원으로 가는 교육

어떻게 이 문제를 해결해야 할까? 그것은 세상과 거꾸로 하면 된다. 즉 고차원에서 저차원으로 가는 교육이다. 유대인들의 교육방법은 고차원에서 저차원으로 가는 교육이다. 우리와 반대 방법이다. 예를 들면 어릴 때 가장 어렵다고 생각하는 고차원적인 성경을 먼저 가르친다. 성경을 가르친다는 것은 하나님을 배우는 것이기에 가장 고차원적인 교육이다. 어릴 때는 하나님을 배우기가 가장 좋은 때다. 유대인들은 가장 어려운 공부를 가장 쉽게 한다. 세상적인 가치관과 생각이 우리 마음에 자리 잡기 전에 먼저 하나님이 자리를 잡게 한다. 하나님을 사랑하고 이웃을 사랑하는 마음을 먼저 심어 준다. 즉 성경을 통해서 인간 교육을 먼저 하는 것이다. 먼저 사람이 된 후에 다른 기능적인 공부가 비로소 의미가 있다. 성경은 인생에 처음 만나는 교과서다.

물론 언어와 숫자와 영어와 음악과 체육 등을 공부한다. 그러나 그것이 주가 아니고 성경이 주가 된다. 유대인들이 히브리어를 배우는 것은

유대인이 읽는 토라

성경을 읽고 배우기 위해서다. 히브리어를 터득한 후에 생애 최초로 읽는 책이 성경이다. 가장 먼저 공부하는 책이 성경이다.

태어나서 가장 먼저 배우는 말이 하나님이라는 단어다. 우리는 아버지와 어머니를 배우지만 그들은 야웨 하나님을 먼저 배운다. 아버지보다 하나님을 먼저 만난다. 원리를 먼저 찾는 것이다. 우리와 비교할 때 몇 차원 앞서간 교육방법이다. 유대인은 어릴 때 모든 교육을 성경으로 한다. 성경 토라를 외우고 공부하면서 성경으로 논술과 토의와 질문을 한다. 성경으로 언어와 글자를 배우고 그림도 그리고 대화를 한다. 모든 것은 성경으로 교육하며 기초를 다진다. 이들의 교육은 어떤 분야든 성경에 기초한 사고를 하도록 형성되었다. 이것은 평생을 좌우한다.

그런데 우리는 성경이 아닌 동화책을 가지고 공부한다. 동화책과 성경책은 차원이 다르다. 성경의 문장 구조와 내용은 우화나 신화, 전래동화와는 감히 비교할 수 없다. 유대인과 우리는 벌써 교과서를 선택하는 것에서 수준 차이가 난다.

성경은 세계 최고의 고급 언어요 고품격 책이다. 문학작품으로도 손색이 없는 최고의 문학성을 지닌 책이다. 철학성과 과학성과 논리성을 비추어 보아도 어느 문학 작품과 철학책이 따라올 수 없는 검증된 최고의 베스트 셀러다. 이것은 이미 세계 모든 사람들이 인정한 것이다. 최고의 영어를 하려면 영어 성경을 가지고 하면 된다. 성경에 나오는 문장 구조와 단어의 사용은 어느 것보다 탁월하다. 본래 영어는 헬라어에서 나왔다. 성경은 헬라어로 기록되었다. 헬라어를 영어로 옮긴 것이 영어 성경이다. 이렇게 보면 영어 성경은 가장 고급 영어원본인 셈이다. 〈타임〉지나 〈뉴스위크지〉에 나오는 기사 내용으로 영어를 공부하는 것과 성경을 가지고 영어를 공부하는 것은 차원이 다르다. 그런데 우리는 이 가치를 잘 모른다. 오히려 우리는 문장의 구조나 구성이 성경에 한참 미치지 못한 저차원적인 영어교재를 선택한다. 가장 좋은 성경을 곁에 두고서도 보물의 가치를 모른다.

　문학은 언어에서 결정난다. 먼저 고급 언어를 배워야 문학성이 있는 글을 쓸 수 있다. 문장으로 보나 단어 선택이나 구성으로 볼 때 성경만 한 고급 책이 아직 없다. 셰익스피어, 톨스토이, 도스토옙스키, 디킨스 등 세계의 문학가들은 한결같이 성경의 언어를 터득함으로써 최고 문학가가 되었다. 음악가 바흐, 헨델, 화가 렘브란트, 조각가 미켈란젤로 등도 모두 알고 보면 성경을 기초로 대가가 되었다. 최고의 과학자로 알려진 아인슈타인의 상대성원리도 알고 보면 성경에서 원리가 나온 것이다. '하루가 천 년 같고 천 년이 하루 같다' 는 성경 말씀에서 시간 개념을 찾아내, 시간은 절대적이지 않고 상대적이라는 원리를 찾아 공식을 만들어 냈다고 볼 수 있다. 과학과 수학도 성경 속에 들어 있다. 성경은 논리와 숫자, 계보 등으로 가득 차 있다. 파스칼은 성경을 사랑한 대표적인 사람이다. 그가 쓴 『팡세』는 영혼을 맑게 하는 고전이다. 성경에 나오는 시와 잠언 등은 최고의 문학이다. 예언서 같은 책은 『반지의 제왕』과 『해리포터』를 능

유·초등부 예시바학교와 스쿨버스

가하는 상상력과 창조력이 뛰어
난 판타지 작품이다. 판타지 소
설 『반지의 제왕』을 쓴 톨킨은
성경 언어에 정통한 학자이다.
성경은 생명과 인생과 지식의
모든 것을 다 아우르는 책이다.
　　성경은 음악이나 미술에도
그대로 적용된다. 인간의 영혼
을 울리는 바흐와 헨델 등 탁월
한 음악가들은 모두 성경을 사랑한 사람들이고 성경을 통해 곡의 영감을
얻었다. 미켈란젤로와 렘브란트의 작품은 성경을 적용한 불후의 명화들
이다.

　　유대인들은 이런 가장 고급 책인 성경을 어릴 때부터 교과서로 통달
한다. 당연히 말하고 질문하고 토론하고 대화하며 생각하는 것이 다른 사
람과 비교할 수 없을 정도로 뛰어날 수밖에 없다. 우리와는 근본적으로
차원이 다르다. 초등학교 1학년은 창세기, 2학년은 출애굽기, 3학년은 레
위기, 4학년은 민수기, 5학년은 신명기를 거의 외우다시피 공부하면서 성
경을 통달하고, 청소년 시기에는 성경을 기초로 탈무드를 공부한다. 탈무
드는 성경을 주석하고 응용하는 책으로 유대인이 수천년 동안 만들어 낸
국민적 교과서이다. 탈무드는 성경에서 추출한 지식으로 뼈대를 세우는
최고의 영재교육 교과서다. 이들은 모두 한 교과서인 토라와 탈무드를 가
지고 어린이부터 어른에 이르기까지 평생 공부한다. 자연히 유대인은 가

족과 이웃과 민족 간의 소통이 잘 된다. 성경과 탈무드를 통하여 하늘과 세상을 통합한다. 성경을 해석하고 응용하는 법과 세상을 분별하고 실제적으로 적용하는 법을 탈무드를 통해 배운다.

유대인들은 이렇게 어릴 때부터 20년 동안 성경을 응용하는 법을 배우면 20대부터 30대, 40대, 60대에 이르기까지 자기 분야에서 탁월한 영재성을 발휘한다. 평생 동안 공부하면 누구나 자기의 영역에서 언젠가는 두각을 나타낼 수밖에 없다. 마지막에는 자신만의 꽃봉오리를 피운다. 진정한 영재가 탄생되는 것이다. 성경에 뿌리를 두고서 어릴 때부터 근본을 통달하면 세상 공부는 훨씬 수월할 수밖에 없다. 이것이 우리와 다르게 유대인들에게 공부가 쉬운 이유다. 모든 것이 성경의 원리에서 나오기 때문에 공부가 재미있고 창의력이 생긴다. 자기 주도적으로 공부를 하게 되고 평생 해도 지겹지 않은 것이다.

# 지혜를 얻는 교육을 하라

## 지식을 담는 그릇

세상의 교육은 거의 지식에 초점을 맞추고 있다. 즉 지능이 중심이 되고 있다. 지능이 좋지 못하면 학교교육에서는 열외가 된다. 모두들 머리 좋게 하는 일에 열심이다. 세상의 공부는 거의 머리로 하는 것들로 구성되었다. 당연히 머리가 좋은 사람이 세상 교육에서는 두각을 나타낼 수밖에 없다. 그러나 세상의 지식은 소모품과 같이 새로운 지식에 밀려 나중에는 힘을 발휘하지 못하는 폐기된 지식이 되기 쉽다. 우리가 그동안 학교에서 배운 것들은 다 그런 종류들이다. 그렇게 많은 수고를 해서 배운 것들이 한 번도 사용하지 못하고 사장되는 예가 얼마나 많은가.

지식을 삶에 적용하는 것은 지혜다. 지혜 없는 지식은 쓸모 없다. 그렇게 지식이 많은 사람이면 당연히 삶이 달라져야 하는데 실제로 그렇지 못하다. 오히려 삶에서는 이율배반적인 사람이 많다. 왜 그럴까. 그것은 지식만 얻었지 지혜를 갖지 못했기 때문이다. 지금 우리 교육의 가장 큰 병폐는 지식전달에만 머물고 지혜를 추구하지 않는다는 데 있다. 국회의 원과 고위직과 국가 관리들이 오히려 부정부패를 많이 저지르는 것은 지식과 삶이 연결되지 않았기 때문이다. 교육이 지혜에 집중하기보다는 지식에 집중한 때문이다. 그들의 성공과 그들의 인격은 별개다. 원래는 같아야 하는데 그것이 쉽지 않은 것은 이런 교육적인 구조의 한계 때문이다. 지식에 지혜를 더해야 하지만 대부분 교육은 지혜에까지 이르지 못한다. 배운 지식을 제대로 쓰려면 지혜와 함께 해야 한다. 순서적으로 보면 지식이 먼저요 지혜가 그 다음일 것 같지만 오히려 그 반대다. 지혜는 인간에게 나오는 것이 아닌 하늘의 선물이다. 지식은 인간의 노력으로 주어진다. 그러나 지혜는 인간의 노력으로 주어지는 것이 아니다. 지혜를 먼저 얻고 그 다음 지식을 공부한다면 더 유용할 것이다. 지식을 갖게 된 후에 지혜를 담기는 힘들다. 지혜는 이성적인 것을 뛰어넘기 때문이다. 지위가 올라가고, 지식이 높을수록 비윤리적이 될 가능성이 더 많은 것은 그들의 지식이 오히려 지혜를 거부하기 때문이다. 지혜는 지식을 담는 그릇이다. 지혜를 얻고 그 속에 지식을 쌓는 것이 가장 바람직하다. 이런 지식은 가치 있는 것으로 발전하며 지혜를 드러내는 지식이 된다.

우리는 자녀를 교육할 때 지식을 채우기 전에 지혜의 그릇을 먼저 만들어야 한다. 지혜 없는 지식 축적은 그릇 없는 바닥에 물을 붓는 것과 같이 헛된 지식이 될 수 있다. 세상의 사물을 배우는 것이 지식이라면 하나님을 아는 것은 지혜다. 지식은 인간을 교만하게 만들지만 지혜는 인간을 인간되게 한다. '여호와를 아는 것이 지식의 근본'이 됨은 바로 이런 이유에서다.

## 자녀교육 교과서

인간을 만드는 교육은 지금의 학교 구조로 볼 때 거의 불가능하다고 해도 과언이 아니다. 이제 우리 교육은 패러다임을 새롭게 세워야 할 때가 왔다. 더 이상 학교교육에만 우리의 자녀를 맡겨질 수 없다. 오히려 상처만 더하고 힘들어진다. 그렇다고 학교교육을 완전히 부정하는 것은 아니다. 학교교육의 순기능은 분명히 있다. 그러나 학교는 교육의 보조 역할일 뿐 주체가 될 수 없다. 그러나 지금 우리의 교육은 학교가 어느새 교육의 주체가 되고 말았다. 지금의 그 자리는 학교의 본래 자리가 아니다. 빨리 그 자리를 내주어야 한다. 현재의 상황은 이미 학교교육조차도 주도권을 빼앗겨 이제는 학원이 주가 되고 있다. 이것은 무엇을 의미하는가? 이미 학교교육으로는 한계가 왔음을 보여준다. 지금이라도 과감한 교육개혁이 필요하다.

인성교육은 학교에서 감당하기 어렵고 학원에서는 거의 불가능하다. 인성을 만들어 내지 못하는 교육은 이미 죽은 교육이다. 그렇다면 그 해답은 무엇인가? 가정이 교육의 주체가 되고 부모가 교사가 될 때 가능하다. 최고의 학교는 가정이다. 최고의 교사는 부모다. 부모는 자부심을 갖고 지금부터라도 성경을 가지고 어릴 때부터 가르치는 일에 집중할 필요가 있다. 성경을 읽고 듣고 말하고 암송하고 공부하면서, 성경을 통하여 언어, 역사, 철학, 논술, 음악, 신체, 인성 등의 교육을 자연스럽게 연결하는 방법을 우리 가정에 적용하면 좋을 것이다. 이렇게 되면 우리도 유대인을 능가하는 탁월한 영재들이 나오게 될 것이다.

유대인은 복음이 없다. 구약만 있고 신약은 없다. 구약 교과서만으로도 이렇게 놀라운 일을 이루는데 하물며 신약을 가지고 있는 우리에게는 유대인보다 더 가능성이 있지 않겠는가? 유대인들이 믿는 토라의 중심 인물인 모세보다 뛰어나고, 그들이 가장 존경하는 다윗 왕과 예언자들보다 뛰어난 최고의 스승 예수님이 우리에게 있다. 가장 확실한 교육의 모델이 있다. 그렇다면 유대인보다 더 나은 교육을 할 수 있다. 이미 우리는 교육의 놀라운 선물이 있다. 이제 이것을 잘 사용하는 일만 남았다.

성경은 자녀교육의 교과서로 가장 좋은 책이다. 이 일을 실천함으로 지금부터라도 우리의 자녀교육에 새 희망을 불어넣으면 얼마나 좋을까? 이것에 대한 확신이 있다면 지금이라도 부모는 적극적으로 나서서 성경을 배워야 할 것이다. 이것을 위해 교회가 적극적으로 나서야 할 것이다. 그러면 우리나라도 세계에서 가장 뛰어난 민족이 될 수 있다. 우리 집과 가문이 아브라함과 같은 명문 가문이 될 수 있다.


## 하나님의 복을 구하라

우리 자녀가 정말 행복한 영재가 되려면 하나님께 복을 받아야 한다. 구약 성경에 보면 아브라함, 이삭, 야곱, 요셉에 이르는 족장 이야기가 나온다. 그 뒤를 이어 이스라엘 민족들의 이야기가 나온다. 그런데 그들은 한결같이 하나님의 복을 받아 번성하고 성장해 나갔다. 하나님의 복을 받은 이삭은 한 해 동안 백 배의 수확을 거두었다. 하나님의 복을 받아 농부로 성공한 예이다. 야곱은 이스라엘의 조상이 되었다. 요셉은 하나님의 은혜를 받아 애굽에서 총리가 되어 정치가로서 성공했다. 이들의 공통적인 특징은 모두가 하나님의 복을 사모했고 하나님의 복을 받은 것이다. 그 결과 자기 분야에서 뛰어난 사람이 되었다. 지금으로 말하면 자기 분야에서 영재가 되었다. 이스라엘 민족이 출애굽하여 가나안 땅을 정복하고 뛰어난 민족으로서 이름을 높인 것은 모두가 하나님으로부터 복을 받았기 때문이다. 솔로몬 같은 사람이 대표적인 예다. 하나님이 그에게 복을 주시고 지혜를 주시자 정치, 경제, 무역, 문학 등 모든 분야에서 천재가 되었다. 이웃 나라에까지 소문이 나서 솔로몬의 영재성을 보려고 시바 여왕은 직접 이스라엘을 방문했다.

포로 중에도 다니엘은 하나님의 복을 받아 지혜가 열 배나 되어 당시 바벨론의 박사들보다 뛰어나고 그 지혜로 바벨론의 총리가 되어 전국을 다스렸다. 에스더는 고아임에도 모르드개를 통하여 말씀으로 잘 양육받았다. 결국 하나님께 은혜를 받아 바사의 왕비가 되었고, 멸망의 위기에 처한 유대 민족을 구했다. 이것은 모두 하나님이 복을 주실 때 일어난 역사였다.

자녀들이 하나님의 복을 받으면 누구나 그 분야에서 뛰어난 영재가 된다. 하나님의 영이 임하고 하나님이 지혜를 주시면 모두가 가능하다. 하나님은 이 복을 언제 주실까? 말씀을 소중하게 생각하며 말씀을 지키고 순종할 때 주신다. 말씀을 지키고 순종하면 들어가도 복을 받고 나가도 복을 받는다. 떡반죽 그릇에도 복을 받고 외양간의 소나 가축들도 복을 받고 나와 함께 하는 가족과 이웃이 복을 받는다. 우리들의 자녀가 영재로 성장하기 위해 먼저 필요한 것은 하나님의 복을 받는 일이다. 복을 받는 비결은 성경을 교육의 기초로 삼고 말씀에 충실할 때다. 그러면 누구든지 자기 분야에서 하나님의 지혜를 열 배 이상 받는 뛰어난 인물이 될 수 있다. 하나님은 언약을 지키고 말씀을 듣고 읽고 공부하는 자에게 복을 주신다. "이 예언의 말씀을 읽는 자와 듣는 자들과 그 가운데 기록한 것을 지키는 자들이 복이 있나니."(계 1:3)

영재성을 주시는 분은 하나님이시다. 그것을 계발하고 발달시키게 하시는 분도 하나님이시다. 아무리 인간 스스로 영재성을 계발하기 위해서 노력한다 해도 하나님이 주시는 지혜를 넘어설 수 없다. 진정한 영재가 되기 위해서는 하나님의 지혜를 받는 것이 필수적이다. 인간의 지혜로는 한계가 있다. 그것으로는 세상을 정복하는 탁월한 능력을 발휘하기 어렵다.

## 뇌과학과 영재교육

일반 교육에서 주장하는 영재교육은 대부분 뇌과학 이론에 근거하고 있다. 이것의 문제점은 뇌를 주신 하나님보다 뇌를 더 의지하는 데 있다. 뇌보다 하나님이 우선임에도 사람들은 이것을 알지 못하고 뇌에 관심이 더 많다.

세상에서 추구하는 뇌 교육에 근거한 영재교육법은 근본적인 문제점을 지니고 있다. 대부분 창의성교육은 뇌에 대한 이론에서 출발한다. 어떻게 하면 인간의 잠재된 뇌 기능을 자극하고 발달시키느냐에 관심이 있다. 이런 교육은 뇌를 발달시키는 교육 프로그램들에 많이 제시되었다. 조기교육이론도 결국은 뇌의 발달과 관계가 있다. 사람의 나이가 서른 살이 되면 뇌 순환계의 기능이 퇴화되기에 가능한 어린 시절에 뇌를 발달시켜야 한다는 이론이다.

뇌과학에서 말하는 인간의 뇌는 크게 4가지를 말한다. 즉 제1의 뇌인 연수는 1차원적인 세계인데, 어류와 같은 갓난아이의 의식 상태이다. 제2의 뇌는 소뇌로 2차원적인 행동을 하는데 양서류와 어린아이가 평면 바닥을 기어 다니는 상태를 말한다. 제3의 뇌는 중뇌로 파충류와 수직으로 일어서는 어린아이의 상태이다. 이때 입체적인 시각을 갖게 된다. 제4의 뇌는 대뇌로 시간에 대한 감각과 사물에 대한 인상을 저장하고 기억하여 사용하는 4차원의 세계가 시작된다. 제4의 뇌를 '우리 자신'이라고 말할 정도로 인간 활동은 대뇌에 집중되어 있다. 그리고 대뇌를 다시 우뇌와 좌뇌로 나누어 설명한다.

이것은 교육학에서 많이 이야기되는 내용이다. 즉 언어적, 분석적, 수리적, 논리적, 이성적 분야를 담당하는 좌뇌와 비언어적, 시공간적, 직관적, 감성적 분야를 담당하는 우뇌를 어떻게 균형 있게 발달시키느냐에 영재교육의 성패가 결정된다고 본다. 보통 교육에서 제시하는 사람의 잠재능력의 계발도 모두 뇌에 집중되어 있다. 사람의 무한한 가능성과 천재성도 결국 뇌의 활동과 연관이 있다.

그러나 이런 뇌는 주로 지능과 관계된 것이다. 인간의 생물학적 이해에는 도움이 되지만 어디까지나 부분적이다. 이것은 하나님의 지혜와는 별개다. 뇌 촬영에 사용되고 있는 자기공명촬영(MRI)으로는 지혜를 알 수 없다. 뇌는 인간의 육신적인 측면이지 영적인 영역이 아니다. 사람은 육신적으로만 존재하는 것이 아니다. 오히려 인간은 영적인 면이 더 중요하다. 유대인이 우수한 것은 아주 오래전부터 인간에게 있는 영적인 부분의 중요성을 깨닫고 그것을 교육에 적용한 점이다. 두뇌 계발은 지식에 도움은 되지만 지혜는 얻을 수 없다.

## 하나님의 선물인 뇌

하나님의 지혜는 영적인 것으로 하나님이 인간에게 주시는 선물이다. 지혜는 인간의 노력으로 얻어지지 않는다. 전적으로 하나님의 소관이다. 하나님의 지혜를 받으면 누구든지 세상 사람들이 놀랄 만큼 탁월한 능력을 발휘할 수 있다. 성경 다니엘서를 보면 하나님의 지혜가 주어지는 과정이 나온다.

다니엘 7장 1절에 "다니엘이 그 침상에서 꿈을 꾸며 뇌 속으로 이상을 받고 그 꿈을 기록하며"라는 구절이 나온다. 하나님은 다니엘의 뇌 속으로 이상을 주었다. 이것은 인간이 노력하여 뇌를 발달시키는 이상의 과정이 있음을 말한다. 하나님이 지혜와 이상을 인간의 뇌 속에 주시면 우리도 다니엘처럼 탁월한 영재성을 발휘할 수 있다. 하나님은 다니엘의 세 친구들에게 지식과 학문과 재주에 명철을 더하게 하셨고 다니엘에게는 모든 이상과 몽조까지 깨달아 아는 능력을 주셨다.

성경영재교육은 이것을 교육원리에 적용한 것이다. 뇌 자체보다는 뇌를 만드시고 뇌를 사용하시는 하나님께 더 관심을 가지면 지금 우리의 뇌는 놀랍게 발전될 것이다. 또한 하나님이 사용하시면 보통 사람을 능가하는 열 배의 힘을 발휘할 수 있다. 물론 뇌도 하나님이 주신 것이기에 인간이 뇌를 적극 활용하고 기능에 따른 방법을 적용할 수 있다. 그러나 그것으로는 한계가 있다. 뇌 교육법은 인간의 노력으로 하는 교육법이다. 얼마나 뇌를 발달시키느냐에 따라 창의력이 생긴다고 말한다. 그러나 그것은 한계가 있다. 지혜는 뇌 속에 있는 것이 아니고 뇌를 사용하시는 하나님께 있다. 지혜의 원천은 뇌가 아닌 하나님이시다.

## 하나님의 지혜를 얻으라

하나님의 지혜는 어떻게 얻을 수 있는가? 그 해답은 성경에 있다. 하나님은 하나님의 지혜를 성경 속에 넣어주셨다. 하나님을 경외하고 성경을 사랑할 때 우리는 지혜를 받는다. 하나님의 지혜가 우리 마음에 들어가면 영혼이 즐겁게 되고 놀라운 영재성을 발휘한다. 우리는 하나님의 지혜를 먼저 사모하고 이것을 통하여 세상의 학문과 지식과 재주에 영재성이 발휘되는 꿈을 가져야 한다. 지금부터라도 자녀에게 지혜의 근원인 성경을 가르치는 일은 아무리 강조해도 지나치지 않는다.

"대저 여호와는 지혜를 주시며 지식과 명철을 그 입에서 내심이며"(잠언 2:6)

"곧 지혜가 네 마음에 들어가며 지식이 네 영혼에 즐겁게 될 것이요"(잠언 2:10)

지혜는 지혜의 근본이신 하나님께 집중할 때 주어진다. 오직 하나님을 경외하고 그분을 사랑하면 그런 사람에게 하나님이 지혜를 선물로 주신다. 지혜는 우리가 얼마나 하나님을 경외하고 사랑하느냐에 따라 결정된다.

"여호와를 경외하는 것이 지혜의 근본이요 거룩하신 자를 아는 것이 명철이니라." (잠언 9:10)

"너희 중에 누구든지 지혜가 부족하거든 모든 사람에게 후히 주시고 꾸짖지 아니하시는 하나님께 구하라. 그리하면 주시리라. 오직 믿음으로 구하고 조금도 의심하지 말라. 의심하는 자는 마치 바람에 밀려 요동하는 바다 물결 같으니 이런 사람은 무엇이든지 주께 얻기를 생각하지 말라." (야고보서 1:5-6)

하나님께 마음을 집중하는 사람에게 지혜를 주신다. 온전한 믿음을 가지고 하나님께 자기를 헌신하는 사람에게 하늘의 지혜가 임한다. 여기서 진정한 천재가 나온다. 하나님은 마음과 뜻과 정성을 다하여 하나님을 사랑하고 경외하는 사람에게 놀라운 영재성을 선물로 주신다.

유대인들이 지혜를 얻는 방법은 쉐마(신명기 6:5)의 말씀을 암송하는 데서 시작된다. 하나님을 전심으로 사랑하는 것이 지혜의 시작이다. 지혜는 얼마나 하나님을 사랑하고 믿음을 가지느냐에 따라 결정된다. 하나님께 집중하지 않고 두 마음을 품으면 지혜가 주어지지 않는다. 이것이 많은 사람들에게 지혜가 오지 않는 이유다. 하나님을 전심으로 사랑하는 것이

필자가 펴낸 자녀를 위한 기도문

야말로 지혜를 얻는 가장 손쉬운 방법이다. 하나님을 정말 사랑하고 좋아하면 하나님께 있는 지혜는 자연히 우리에게 주어진다.

성경의 인물들은 모두 지혜의 사람이었다. 물론 그들도 처음부터 특별한 지혜를 가지고 태어난 사람은 아니었다. 그러면 어떻게 지혜로운 사람이 되었는가? 하나님을 사랑하고 경외하면서 하나님께 지혜를 선물로 받았다. 하나님을 사랑하면 누구든지 지혜로운 사람이 된다. 문제는 얼마나 하나님을 사랑하느냐에 달려 있다. 요셉, 다윗, 에스더, 다니엘, 솔로몬, 바울, 요한 등을 보면 모두 하나님을 사랑한 사람들이다. 사랑이 그들을 지혜롭게 했다. 우리도 하나님을 사랑하면 성경의 인물처럼 누구나 지혜로운 사람이 될 수 있다.

## 세상의 지혜와 하나님의 지혜의 차이점

철학을 의미하는 '필로소피' 란 말은 원래 그리스어의 '필로소피아' (philosophia)에서 유래했다. 필로는 '사랑하다' '좋아하다' 라는 뜻의 접두사이고 소피아는 '지혜' 라는 뜻이다. 필로소피아는 지(知)를 사랑하는 것, 즉 '애지(愛知)의 학문' 을 말한다. 철학(哲學)의 '哲' 은 '賢' 또는 '知' 와 같은 뜻이다. 철학은 그 문자의 의미에서도 나타나듯이 "지식을 사랑한다"는 것이다. 세상의 학문은 모두 철학에서 나온 것이다. 세상의 영재교육은 지식을 사랑한다는 철학에 근거를 두고 있다. 그러나 성경이 말하는 영재교육은 다르다. 성경의 지혜는 지식을 사랑하는 것이 아닌, '필로데오'(philodeo) 즉 하나님을 사랑하는 것이다. 지식을 사랑하는 데서 오는 철학적 지혜와 하나님을 사랑하는 데서 오는 하나님의 지혜는 근본적으로 다르다. 철학(哲學)은 지식을 사랑하는 것이고 신학(神學)은 하나님을 사랑하는 학문이다. 흔히 교육학에서 말하는 지혜는 철학적 지혜를 의미한다. 철학적 지혜는 지성적이며 일시적인 지혜에 머문다. 그러나 성경에서 말하는 지혜는 생활에까지 적용하는 영원한 지혜다.

세상의 지혜와 하나님의 지혜의 차이점은 분명하다. 진정한 영재는 하나님을 사랑함으로 지혜를 얻은 사람이다. 이것이 우리가 지향해야 할 영재교육의 모습이다. 뇌에 집중하는 세상의 교육과는 근본적으로 다르다. 지금이라도 성경에 집중하는 교육을 한다면 세상을 능히 이기는 탁월한 교육이 될 수 있다. 성경의 위인들은 이렇게 해서 만들어진 사람들이다. 어릴 때부터 성경을 통하여 하나님을 사랑하는 법을 터득한다면 우리 자녀도 성경의 인물과 같은 위대한 영적 거인이 될 수 있다. 뇌에 집중하는 교육은 지식과 자신을 사랑하는 교육이다. 그러나 성경에 집중하는 교육은 하나님을 사랑하는 교육이다.

유대교육의 핵심은 하나님을 사랑하는 것이다. 모든 교육은 이것을 위해 존재한다. 이스라엘의 쉐마 교육의 위대한 점이 여기에 있다. 하나님을 마음과 뜻과 정성을 다해 전심으로 사랑하는(신 6:5) 것이 지혜를 얻는 비결이다. 지혜는 하나님을 사랑하는 만큼 그에 비례하여 주어짐을 기억하라.

# 고품격 인간을 만들어라

## 교육의 품격을 높여라

한국 사회의 고질적인 병폐를 하나 들라면 교육을 많이 받은 사회 각 분야 지도층의 일그러진 모습이다. 지난 수십년 동안 '사회 지도층'의 일탈 행위에 대한 문제를 사회 각층에서 수없이 제기해 왔지만 여전히 나아지지 않고 있는 이유는 무엇일까? 정치권·관료는 물론 재계·교육계·노동계 심지어 종교계 등의 지도층 관련 비리는 하루가 멀다 하고 신문 지면을 장식하고 있다. 국제투명성기구가 발표한 것을 보면 한국의 청렴도는 국제 평균보다 뒤지고 있다. 한국은 지난 50년 동안 단기간에 전 세계를 놀라게 할 정도로 급성장했지만 물질과 정신이 균형을 이루지 못했다. 그중에서도 지도자의 문제가 가장 심각하다. 지도자는 그 나라의 상태를 보여주는 단적인 예다. 지도층을 보면 그 나라의 상태를 한눈으로 진단할 수 있다.

## 노블레스 오블리주 교육

"노블레스 오블리주"라는 말은 초기 로마시대에 왕과 귀족들이 국가와 사회를 위해 기부하거나, 전쟁이 일어났을 때 자발적으로 앞장선 사례들에서 유래되었다. 『로마인 이야기』로 유명한 시오노 나나미는 로마가 천년을 버틸 수 있었던 원동력은 바로 이 같은 사회 지도층의 노블레스 오블리주 정신이라고 평가하고 있다. 무슨 말인가? 한 나라를 지탱하는 힘은 지도층에 있다는 말이다. 한국의 역대 정권의 역사를 살펴보면 권력과 연계된 '게이트'나 여러 부정 스캔들이 끊임없이 터져 나왔다. 지금도 이것은 어김없이 계속되고 있다.

부정부패는 많은 공부를 하고 머리가 뛰어나고 재능이 탁월한 것과 상관없이 일어난다. 영재교육을 잘 하는 것과 부정부패와는 별개 문제다. 지금과 같은 교육구조로는 이런 부정을 막을 수 없다. 왜 이런 부정이 없어지지 않을까? 그것은 지도자들의 노블레스 오블리주 정신과 인격이 함량미달이기 때문이다. 외적으로 나타나는 힘과 물질적인 성과를 이루었다고 성공한 지도자가 되는 것은 아니다. 그런데 우리는 그런 지도자를 여전히 선호하고 있다. 인격과 품성이 안 된 지도자들이 버젓이 사회 지도층을 형성할 때 사회는 부패하게 된다. 결정적인 순간에는 인격과 도덕성 때문에 문제를 야기한다. 그것을 고치지 못하는 것은 물량적인 것에 익숙한 잘못된 교육 때문이다.

이것은 국민들 속에도 그대로 잠재해 있다. 우리나라 국민은 품성과 도덕적인 문제에 대체적으로 관대하다. 공부와 일만 잘하면 된다는 생각이 아직도 국민들 의식에 자리 잡고 있다. 매번 그런 지도자를 선택해 악순환이 계속되고 있음에도 말이다. 아무리 도시에 고층 빌딩이 많고 갑부들이 많다 해도, 기본적인 교통법규와 시민의식이 정착이 안 되고 더불어 사는 사회의 모습이 자리를 잡지 않았다면 선진국이 아니다. 거짓이 진실보다 더 잘 통한다면 그 사회는 여전히 후진 사회다. 자기의 유익만 추구하는 지도층이 사라지지 않는 한 세계를 리드하는 영향력 있는 나라가 될 수 없다. 이제는 품격 있는 교육이 요구된다. 그 품격은 곧 인격에서 나온다.

고대 세계를 정복했던 바벨론 제국이 있었다. 그런데 도저히 무너질 것 같지 않았던 이 제국이 한순간에 무너졌다. 바벨론의 마지막 왕인 벨사살은 지도자로서 자격이 없었다. 아버지를 대신하여 나라를 섭정한 그를 하나님이 저울에 달아 보니 함량미달이라는 판결을 받았다. '메네 메네 데겔 우바르신.' 왕으로서 도저히 자격이 안 되는 사람이 왕을 하고 있었던 것이다. 그 결과 바벨론은 제대로 한 번 싸워 보지도 못하고 하룻밤 사이에 멸망했다.

나라가 발전하려면 지도자의 품격이 제일 중요하다. 리더의 인격이 미달되면 아무것도 안 된다. 후진국을 보면 지도자의 인격에 많은 문제가 있다. 교육은 한 나라의 지도자의 품격을 높이는 역할을 한다. 그런데 어느 나라 못지않게 교육에 열심인 우리나라에 인격이 부족한 지도자가 계속 나오는 이유는 무엇일까? 왜 국민들은 여전히 그런 지도자를 선택할까? 국회의원들이 국회에서 거친 몸싸움을 하는 모습들은 지금 우리 교육에 큰 문제가 있음을 단적으로 보여주는 것이라 할 수 있다. 그것은 외적으로 나타나는 업적과 모양을 우선시하는 교육의 결과 때문이 아닐까?

# 한국의 우수성

우리나라 교육의 방향이 어디에 있는지를 가늠할 수 있는 한 통계가 있다. 스위스 취리히 대학의 토마스 폴켄 박사가 발행한 연구논문을 보면, 전 세계 180개국 국민들의 평균 IQ를 측정한 결과 한국이 평균 106을 기록, 1위에 올랐다. 머리는 한국 사람이 가장 우수하다. 그런데 자살률, 성형수술, 화장품 사용 빈도, 교통사고율도 세계 1위다. 한국 부패지수는 10점 만점에 5.0을 받아 159개국 중에서 40위다. 왜 이런 현상이 일어났는가? 성적에 매달린 교육을 아직도 넘어서지 못했기 때문이다.

성적이라는 말은 계산이 가능한 외적인 숫자에 집중한다는 의미다. 주로 영어, 수학, 과학 등 지능에 관계된 영역이다. 그러나 행복, 인격, 도덕을 성적으로 산출하는 것은 불가능하다. 우리나라에서는 성적이 좋지 않으면 학생으로서 자존감을 찾기 어렵다. 학교는 내적인 성적 즉, 품성, 인격, 관계성, 책임성, 도덕성 등 보이지 않는 교육에는 큰 관심이 없다. 현재의 학교교육은 가장 중요한 인격 영역이 빠졌다. 여전히 산술적 수치로 평가가 가능한, 즉 보이는 교육에만 치중하고 있다.

성적이 우수하다는 것은 외적인 단순 평가치일 뿐이다. 대학 역시 이런 사람을 성적순으로 줄을 세우고 있다. 인격과 품성과 사회적 책임과 교육은 아무 관련이 없는 것처럼 보인다. 이렇게 본질을 외면한 비인격적인 교육의 결과는 사회에 그대로 나타나고 지도자의 수준에까지 영향을 준다. 수많은 국민적 질타에도 불구하고 지도층에게서 부패와 도덕성의 문제가 사라지지 않는 것은 어쩌면 당연한 결과라 할 수 있다.

## 인간 중심의 교육개혁

이런 문제를 해결하기 위해 정권이 바뀔 때마다 교육정책을 새롭게 개혁하는 청사진을 내놓는다. 그러나 교육개혁은 여전히 제도와 교과서와 방법을 바꾸는 것에만 머물고 있는 실정이다. 교육의 핵심을 아직 찾아내지 못하고 변두리에서 맴돌고 있기 때문이다. 교육개혁의 본질은 인간에게 있다. 인간을 바르게 교육하는 것이 교육개혁의 본질이다. 인간성을 회복하고 참된 인간을 만드는 교육이 진정한 교육이다. 그것이 교육에서 일어나야 할 첫 번째 개혁의 모습이다. 그동안 우리 교육은 인간 자체보다는 물질을 가장 잘 만들어 내는 효율적 인간을 만드는 데 초점을 맞추었다. 그렇게 해서 경제발전도 이루었고 기술과 과학 분야에 큰 성과가 있었다. 그러나 인간성을 회복하는 데에는 실패했다. 오히려 인간의 욕망만 키웠고 교만과 이기심을 키우는 데 기여했다. 그 결과가 지금 우리 사회 곳곳에 나타나고 있다.

국제투명성기구가 평가한 국가투명성에서 세계 1위를 차지한 국가가 바로 핀란드다. 모든 국민이 정직하다는 것이다. 장·차관, 국회의원, 교사 등 국가 지도층의 정직성은 말할 것도 없다. "양심을 속이려면 핀란드를 떠나라"고 말할 정도니 어느 수준인지 알 수 있다. 그러나 우리는 어떤가? 지도층의 비리는 물론이거니와 심지어 정직을 가르쳐야 할 교육계의 부정직은 뿌리 깊이 만연된 지 오래다. 이것은 우리 학교 현장에서 인간에 대한 교육이 얼마나 부족한지를 보여준다.

일차적으로 교육 지도자와 교사가 인성에서 함량미달이다 보니 그 안에서 이루어지는 인간교육은 당연히 뒷전으로 밀려날 수밖에 없다. 인간에 대한 교육, 즉 정직, 사랑, 겸손, 배려, 희생, 나눔, 감사, 봉사 등에 대한 과목이 하루 빨리 설정되어야 한다. 특히 저학년 때 집중되어야 할 것이다. 이것이 안 된 상황에서 교육은 무의미하다. 이것을 가르칠 수 있는 인격을 소유한 교사가 빨리 양성되어야 한다. 그러나 아직도 교육정책 입안자들은 이것에 대한 인식조차도 없는 상황에서 여전히 국어, 영어, 수학 등 학과목에 매달려 있는 것은 가슴 아픈 일이다.

교육개혁은 인간으로 돌아가는 것이다. 인간이 무너지면 결국 모든 것이 무너진다. 인간교육이 교육의 본질이다. 우리 교육이 가장 힘써야 할 것은 인간 자체다. 지금부터라도 인간이 행복하고, 인간의 가치를 높이고, 인간들과 더불어 사는 인간다운 교육으로 전환되는 일이 시급하다. 그렇게 되면 나머지는 자연히 이루어질 것이다.


예수님은 산상수훈에 나오는 8복을 통해 우리 교육의 근본 원리를 잘 제시하신다. 8복은 무엇을 하는 것보다 어떤 사람이 되는가에 초점이 있다. 심령이 가난한 자, 온유한 자, 마음이 깨끗한 자, 긍휼히 여기는 자, 의에 주리고 목 마른 자, 의를 위하여 핍박을 당하는 자 등에 대해서 말한다. 이런 사람이 되는 것 자체가 복이다. 복을 받는 비결은 먼저 복받을 사람이 되는 것이다.

어떤 인간이 되느냐에 교육의 초점이 있어야 하는데, 오히려 소유에 교육의 방향을 두는 경향이 많다. 자연히 인간교육과 인성에 대한 것은 주변으로 밀려나고 엉뚱한 것들이 교육의 핵심을 차지하고 있다. 이것이 인간교육이 실종된 오늘의 교육 현실이다.

우선순위를 먼저 분명하게 정하고 그것에 집중하면 다른 것들은 선물로 따라온다. 불행한 교육과 행복한 교육의 차이점은 간단하다. 인간을 인간되게 하는 교육은 행복한 교육이지만 그렇지 못하면 불행한 교육이다. 아무리 큰 물질적 성과를 이루었다 해도 본인이 행복하지 못하면 그것은 실패한 교육이다.


## 사람 없는 곳에서 사람되게 하라


교육 중에 인격교육이 가장 어렵다. 인격은 한 번에 이루어지는 것이 아닌 오랜 기간을 통해 이루어진다. 졸업이나 과정을 이수한다고 인격이 만들어지는 것은 아니다. 교육의 최종 목적은 인간을 만드는 것이다. 좋은 기술을 배우는 것은 그 다음이다. 그러나 오늘 우리 교육은 인간을 만드는 교육을 이미 포기했다. 오직 좋은 대학에 들어가는 기술을 알려주는 학교가 되고 있다. 학교에서 인성을 찾는다는 것은 거의 불가능하다. 그런 시스템이 안 되었기 때문이다. 잘못한 것을 잘못 되었다고 말하기 어려운 곳이 지금의 학교다. 물론 그것은 학교와 교사에게서 원인을 찾을 수 있다. 교사의 자격과 능력을 얼마나 잘 가르칠 수 있는지를 보는 전달 기술에 우선을 두다 보니 교사의 인격은 도외시되고 있다. 가장 인격적인 사람이 교사이어야 하는데 사실은 그렇지 못하다. 그 이유는 우리가 교육을 통해서 만들어 낸 교사 교육방식이 인격과는 거리가 있기 때문이다. 이것이 계속 악순환되고 있고 그 피해를 학생들이 그대로 받고 있다.

초등학교 어린이와 함께한 나이 든 랍비　　　　　같은 옷을 입고 어깨동무하고 있는 학생들과 랍비

　　유대인 랍비들은 우리 교사들과 다르다. 우리 교사는 잘 가르치는 데 초점이 있다면 유대인 랍비는 인격에 더 초점이 있다. 유대인은 머리가 하얗고 수염이 긴 할아버지 같은 중후한 랍비들이 많다. 그러나 우리는 젊은 교사가 주를 이룬다. 나이가 든 교사는 학교에서도 명퇴 등으로 물러나고 강단에서 대우를 받지 못한다. 인격을 가치로 두지 못한 데서 나오는 모습이다.

　　유대인 예시바 학교에서 랍비들은 학생들에게 최고의 모델이다. 학생들은 랍비를 닮는 것이 꿈이다. 학생은 늘 교사처럼 되고 싶어 한다. 교사가 가장 존경을 받는다. 그것은 수업을 잘 가르치는 것뿐 아니라 교사들의 인격 때문이다. 그래서 예시바 학교는 교사와 학생들의 옷이 같다. 교사를 닮고자 하는 학생들의 모습이 그들의 외모와 옷에서부터 잘 드러나 있다. 나이가 지긋한 랍비들이 교육 현장을 지키고 있고 그들의 권위는 우리 교사와는 감히 비교할 수 없다. 부러운 모습이다. 학생들이 교사를 무시하는 학교교육 붕괴 현장은 우리를 슬프게 한다. 거기서 인격교육이 이루어질 리가 없다. 존경할 만한 선생님을 제대로 만나기 힘든 우리의 교육 현실은 인격교육의 공백이 얼마나 큰지 새삼 느끼게 한다.

인격을 한 마디로 표현하면 무엇으로 정의할 수 있을까? 그것은 아무도 보지 않을 때 나의 모습이다. 인격은 진실함이다. 유대인 교육은 사람이 없는 곳에서도 사람이 되는 것을 가르치는 데 초점이 있다. 사람이 보지 않는 곳에서의 나의 모습이 진실한 나다. 누가 보지 않아도 바르게 행동하는 사람으로 키운다면 우리나라는 품격 있는 국가가 될 것이다. 사람이 보지 않아도 할 일을 하는 사람이 진실로 인격자이다. 자기 자신에 대해서 진실한 것이 가장 중요하다.

이것은 하나님을 믿는 믿음이 없으면 거의 불가능하다. 인간은 늘 속임수와 거짓에 능한 존재이기 때문에 양심대로 사는 것이 쉽지 않다. 학교는 이것을 가르치는 곳이다. 진실하게 사는 방법을 가르치고 그것을 스스로 훈련하게 하기 위해서 우리는 학교에 가고 인격적인 교사를 만나는 것이다. 생을 마친 후에 죽음 앞에 최종적으로 남는 것은 성공이나 업적이 아닌 인격이다. 이것은 인격이 모든 교육의 성패를 결정한다는 것을 의미한다.

## 2부

예수님을 닮은 인재로 키우는
# 10가지 교육원리

# 예즈덤 영재교육 10가지 교육원리

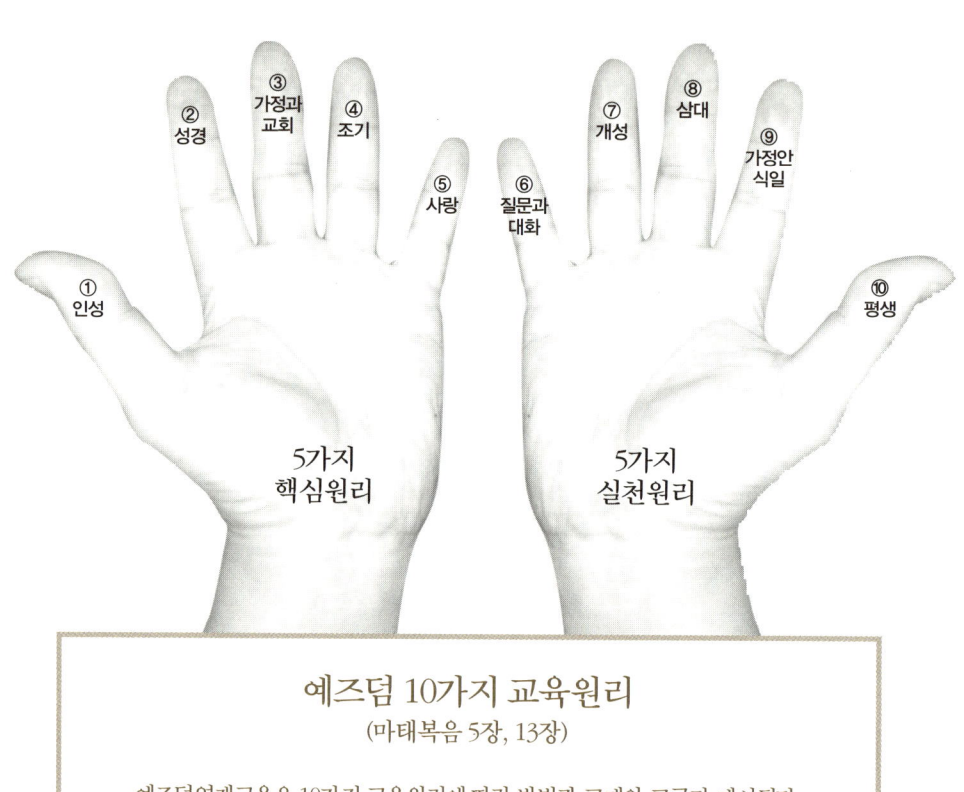

② 성경
③ 가정과 교회
④ 조기
⑤ 사랑
① 인성

⑥ 질문과 대화
⑦ 개성
⑧ 삼대
⑨ 가정안식일
⑩ 평생

5가지 핵심원리

5가지 실천원리

예즈덤 10가지 교육원리
(마태복음 5장, 13장)

예즈덤영재교육은 10가지 교육원리에 따라 방법과 교재와 교구가 제시된다.

# 유대인 교육보다 더 나은 예수님 교육원리

우주는 어떻게 움직이는가? 우주를 살펴보면 법칙과 질서가 있고 그것에 따라 정확하게 움직인다. 한 치의 오차만 생겨도 우주는 불바다가 된다. 그것은 우주를 움직이고 지배하는 우주의 원리가 있음을 의미한다.

하나님이 만드신 우주에도 원리가 있듯이 인간의 몸에도 원리가 있고, 모든 생물과 식물과 자연 속에도 원리가 있다. 만물은 태초 이래 정확한 원리에 따라 정교하게 움직이며 출생과 성장과 죽음을 거듭하고 있다. 원리는 시대가 지나도 변하지 않는다. 만약 상황과 시대에 따라 변한다면 그것은 원리가 아니다.

성공하는 사람들의 특징은 원리의 힘을 믿고 그 원리에 따라 사는 사람이다. 자기 생각과 의지로 사는 것이 아니라 발견된 원리를 자기의 삶에 적용하며 살아간다. 사람은 원리에 따라 살면 틀림없이 성공한다. 원리대로 사는 것은 곧 진리의 삶이다.

교육도 원리를 찾아 그 원리대로 적용할 때 효과가 있다. 그런데 우리 교육은 그동안 원리보다는 방법에 치중했다. 원리가 없이 모방에 그쳤고 창의적인 교육을 하지 못했다. 열심히 하는 것보다 효과가 적은 이유는 원리에 충실하지 않았기 때문이다. 방법은 언제나 원리에서 나와야 한다. 결과와 실용성만 강조한 방법은 잠시 있다 사라진다.

방법은 수시로 변한다. 시대와 상황에 따라 방법은 변신을 거듭한다. 그러나 원리는 변하지 않는 평생지침이다. 과학을 보면 이해가 된다. 과학은 나타난 현상에서 숨어 있는 원리를 찾는 것이다. 그리고 찾은 원리를 다시 생활에 응용하는 것이다. 과학은 이미 나타난 결과와 방법들을 통해 숨어 있는 원리를 찾는 것이다. 과학은 원리를 찾는 학문이다. 원리와 방법은 상호적이다. 답이 같이 들어 있다. 이것은 원리와 방법은 일치해야 함을 의미한다.

원리를 알고 교육하는 것과 원리를 모르고 방법에만 매달려 당장의 결과만 추구하는 교육은 분명 차이가 있다. 원리에 충실하면 당장 결과가 없어도 언젠가는 결과를 얻을 수 있다. 원리를 이해하면 서두르지 않고 여유를 가지고 장기적으로 교육을 할 수 있다. 우리의 교육이 단기적이며 교육정책이 수시로 바뀌는 원인은 아직 교육의 원리를 찾지 못했기 때문이다. 교육의 목표와 비전은 있는데 교육의 원리를 분명하게 잡지 못했기에 나타나는 현상이다. 지금이라도 원리를 충분히 숙지하고 그것을 적용하기 위해 교육의 다양한 방법들을 찾는다면 좋은 효과를 기대할 수 있다.

다음에 제시된 교육원리는 예즈덤영재교육의 뼈대가 되는 교육철학이다. 앞으로 제시하는 교육 교재들과 교구들은 여기에 제시된 원리를 교육에 적용하는 것들이다.

여기에 제시된 10가지 교육원리는 기본적으로 예수님 당시 유대인들이 오랫동안 전수받은 교육원리를 응용한 것들이다. 예수님은 유대인으로서 33년간 세상에 사셨다. 하지만 예수님은 유대인들의 교육에 충실하면서 아울러 그들보다 더 나은 교육을 하셨다. 율법을 폐하러 오신 것이 아닌 완성하러 오신 예수님은 많은 부분에서 유대인 교육을 받고 자라셨다. 하지만 한 차원 더 나은 교육을 제시하여 당시 유대인 교육을 뛰어넘었다.

예수님은 태어나서 다른 유대인 아이들과 같이 팔 일만에 할례를 행하셨다(눅 2:21). 또 12살 때 예루살렘 성전에 올라가 유월절을 지키셨다. 예수님은 회당에서 성경을 읽었고 랍비들 중에 앉으사 그들에게 듣기도 하고 묻기도 했다. 유대인의 질문식 교육을 자연스럽게 터득하셨고 이런 것들은 예수님이 유대인 교육방법에 따랐음을 보여준다. 그렇지만 예수님은 당시 유대인 교육을 넘어선 교육을 받으셨음을 알 수 있다. 예수님은 랍비들과 부모님이 가르치는 교육을 능가하셨다. 열두 살 때 성전에서 부모와 대화하는 장면은 그것을 잘 보여주고 있다. 예수님은 말 없이 사라진 자기를 책망하는 부모님을 향해 "어찌하여 나를 찾으셨나이까. 내가 내 아버지 집에 있어야 될 줄을 알지 못하셨나이까" 하고 되물으셨다(눅 2:49).

후에 장성하여 랍비가 된 예수님을 볼 때, 예수님은 어릴 때 성경에 충실한 교육을 받으셨음을 알 수 있다. 또한 사람들을 가르칠 때는 유대인 지도자들이 넘볼 수 없는 권세 있는 가르침을 제시하셨다. 산상수훈을 보면 예수님은 제자들에게 당시 서기관과 바리새인보다 더 나은 의를 제시하셨다(마 5:20). 이것은 복음서의 가르침에서 잘 나타나 있다.

예즈덤교육은 유대인 교육을 참조하지만 그것에 머무르지 않고 예수님이 제시한 그 이상의 교육원리를 좇아 구성되었다. 유대인 교육은 토라 가르침에 충실했다면 예즈덤교육은 복음서에 충실하면서 유대인 교육보다 더 나은 교육을 지향한다. 예즈덤교육은 현재 유대인 교육의 한계를 극복하고 복음적 적용에 이르게 한다는 데 중요한 의의가 있다. 유대인들은 구약의 토라를 중심으로 교육의 적용점을 찾았지만 오늘 우리는 예수님을 중심으로 교육의 방향을 찾아야 한다.

예즈덤영재교육 10가지 원리는 마태복음 5장, 13장에 나오는 예수님의 산상수훈 가르침과 하나님나라 이야기를 원리로 하여 구성되었다. 10가지를 크게 두 부분으로 나누어 5가지 핵심원리(인성, 성경, 가정과 교회, 조기, 사랑)와 5가지 실천원리(질문과 대화, 개성, 삼대, 가정안식일, 평생)를 제시했다.

# 인성으로 인생 기초를 다져라

## 뿌리 찾기 교육

모든 것은 뿌리가 있다. 교육도 먼저 뿌리를 찾는 것이 중요하다. 뿌리 없는 교육은 죽은 것이 다. 교육에서 가장 중요시하는 창의력은 뿌리에서 나온다. 뿌리가 약하면 창의력은 생기지 않는다. 뿌리는 진리다. 고대부터 사람들은 진리가 무엇인가를 찾기 위해 많은 노력을 했다. 예를 들면 '우주의 근원이 무엇일까? 사람은 어디에서 나왔을까?' 등이다. 불, 물, 공기, 흙, 수, 이성 등의 주제는 철학자들이 우주의 근원으로 생각해 냈던 것들이다. 그러나 어느 누구도 우주의 근원을 아직 찾지 못했다. 시작을 모르니 마지막도 모를 수밖에 없다. 현재 우리들의 교육은 대부분 이런 철학적인 가치관에 근거하고 있다. 시작과 마지막을 모르는 뜬구름 잡는 교육을 하고 있는 것이다. 만약 이런 방법에 따라 교육을 하면 우리의 교육은 시간이 갈수록 답이 없는 허무한 교육이 될 수밖에 없다.

교육은 진리탐구와 사람의 변화가 목표다. 진리에 따라 원리가 나오고 그 원리에서 규칙과 방법을 찾아 삶의 변화를 이루는 것이 교육이다.

흔히 학교를 진리의 전당이라고 하지만 지금 우리의 학교는 진리와 거리가 있는 국어, 영어, 수학에 집중하는 교육의 전당이 되었다. 중·고등학교는 오직 대학 가는 것이 진리가 되었고, 대학은 취업을 잘하는 것이 진리가 되었다. 현재 우리 교육은 인간의 근원과 행복을 찾는 고민보다는 어떻게 하면 돈을 많이 벌 수 있는가에 초점이 있다. 인생에서 가장 가치 있는 것을 찾아 삶에 적용하는 교육의 본래 목적을 상실하고 말았다.

우리의 교육이 표류하는 이유는 뿌리가 없기 때문이다. 교육이 자기의 근원을 찾는 데서 시작되지 못하고 각자 자기가 좋아하는 것을 좇아가는 도구가 되다 보니 늘 흔들리게 되었다. 인간이 좋아하는 것은 상황에 따라 자주 변하는 특징이 있다. 공부를 마치고서도 삶의 원칙을 갖지 못하고, 문제가 생기면 해결책을 찾지 못해 갈팡질팡하게 된다. 마치 모래 위에 심은 나무와 같다. 처음에는 무성한 것 같지만 시간이 지나면 나무가 말라서 죽게 된다.

우리에게는 아직 교육의 원리를 가르치는 교과서가 없다. 다음 세대까지 영원히 전수해 줄 국민적 교과서가 없다. 정권과 교육부 장관이 바뀌면 교육정책이 달라지고 혼선이 일어나는 것은 뿌리가 되는 교육 교과서가 없기 때문에 나타나는 현상이다. 교육이 상황과 현상에 따라 움직이고 좀처럼 제자리를 찾지 못하는 것은 아직 교육의 근간을 잡지 못했기 때문이다. 가정에서 교육을 할 때도 부모의 생각에 따라, 상황에 따라 다르기에 어떻게 교육해야 할지 늘 고민에 빠지게 된다. 지금이라도 자손 대대로 물려줄 변하지 않는 교육의 기준을 찾는 것이 시급하다.

## 교육의 제일 기본

좋은 교육은 기초가 튼튼하다. 기초는 곧 원리다. 우리는 기초를 교육하는 데 시간을 많이 할애해야 한다. 기초가 없으면 아무리 좋은 것을 배우고 교육해도 탁월성을 드러내기 어렵다. 운동을 해도 기초력이 필수다. 모든 것이 다 그렇지만 특히 교육은 기초력을 다지는 데 시간을 더 많이 할애해야 한다. 기초 없이는 창의력도 없다. 모방만 있을 뿐이다. 교육의 가장 기본적이고, 근본적이며, 모범이 되는 것을 찾아서 교육한다면 훌륭한 교육은 자연히 이루어진다. 튼튼한 기초가 세워지면 그 후의 적용과 응용은 쉽다.

교육에서 제일 기본은 무엇일까? 그것은 사람이다. 어떤 공부보다 사람에 대한 것을 먼저 공부해야 한다. 그런데 우리는 사람을 공부하지 않고 효율와 실용성에 더 매달린다. 크게 업적을 이루고서도 자기 자신 때문에 무너지는 예가 얼마나 많은가. 사람들이 보기에는 남부럽지 않는 성공을 이룬 사람들이 종종 자살로 인생을 마무리하는 것은 이런 사람 교육이 부족했기 때문이다. 이것은 우리 교육에 정말 중요한 기초가 빠졌음을 의미한다.

## 인간을 먼저 교육하라

세계 교육의 모델로 소개했던 유대인은 어떻게 교육하는가? 유대인

미국에 있는 유대인 예시바 학교 전경

은 예시바 학교가 전 세계에 있다. 미국에도 많은 예시바 학교가 각 주에 퍼져 있다. 예시바는 유대인을 위한 유대인 학교다. 예시바 학교의 교과과정은 오전에는 토라 과목에 집중되어 있고 오후에는 다른 여러 과목들을 공부한다. 토라가 교육의 근간이 된다는 것은 근본에서부터 완전히 차이가 난다. 토라는 인간을 다룬 책이다. 성경은 교육에서 가장 중요한 책이다. 예시바 학교는 일반 학교에 비해 일반과목이 절대로 부족하다. 그러나 유대인들이 예시바 학교에서 공부하여 대학에 들어가는 비율과 교육의 효과는 일반 학교보다 높다. 대학 교육 이후 세상에 나와 성공하는 결과로 본다면 토라를 철저히 공부한 예시바 학생들이 훨씬 우수하다.

유대인들은 오랫동안 토라(성경)의 위력을 경험한 사람들이다. 그들은 모든 세상의 원리를 토라 속에서 뽑아낸다. 유대인은 토라를 교육의 샘으로 이해한다. 즉 토라를 통해 먼저 인간을 다지는 훈련을 한다. 인간을 교육하는 교과서는 성경이라고 본다. 그래서 일반 교육을 하기 전에 성경을 확실하게 가르치고 그 토대 위에 재능교육을 실시한다.

그동안 우리는 머리로는 알고 있지만 실제로 경험한 적이 없기에 기독학교에서조차 여전히 성경은 영어, 수학, 국어에 밀리고 있다. 시간 배정에서 성경은 주변이 되고 있다. 이것은 아직도 성경이 교육의 뿌리라는 생각이 자리 잡지 못했기 때문이다.

정말 우리나라에도 성경을 중심으로 한, 대안이 아닌 원형학교가 하

말씀을 넣어둔 테필린 상자

토라에 둘러싸여 있는 어린이들

루 빨리 세워지기를 소원한다. 성경의 위대한 능력을 실제적인 결과로 드러내는 그런 학교가 만들어지면 얼마나 좋을까? 성경의 기초와 뿌리 속에서 세상의 학문인 영어, 수학, 과학, 국어, 사회 과목을 공부하는 그런 학교가 세워지기를 소원해 본다. 오전에는 성경에 충실하고 오후에는 다른 과목을 공부해도 뒤지지 않는 그런 교육이 한국에서도 실행되었으면 한다. 하나님의 교육이 세상의 교육을 능가한다는 실제적인 증명이 이런 학교를 통해 나타난다면 하나님께 큰 영광이 되며 교육에는 일대 혁명이 일어날 것이다. 말씀이 세상을 창조했다고 분명히 믿는다면 교육도 충분히 가능하리라 본다. 그런 날이 한국에도 이루어지기를 꿈꾼다.

아무리 뛰어난 재능을 가졌다 해도, 설사 우수한 대학에 들어가 사회적으로 성공한다 해도 인간의 기초가 안 되었다면 그것은 헛된 것이다. 교육은 기능인을 만드는 것이 아니라 인간을 만드는 데 초점이 있다. 인간다운 삶을 살 때 그가 하는 일은 가치가 있다. 그러나 비인간적인 삶을 살아가는 사람에게 주어진 직능이나 위치는 별 의미가 없다. 가장 기초적인 인성이 안 되면 삶의 마지막에 하무하게 무너지게 된다. 유대인들이 그렇게 성경에 집중하는 이유는 인간을 만드는 책은 성경만 한 것이 없다고 보기 때문이다. 이것이 그들이 성경 교육에 그렇게 집착하는 이유다.


## 교육은 사람이다

교육은 좋은 기술이나 기능을 갖게 하는 것이 아니다. 교육의 궁극적인 목표는 사람이다. 사람이 잘못되면 아무리 좋은 것을 가졌다 해도 다 헛되다. 그러나 사람을 바로 세우면 모든 것은 올바르게 된다. 그런데 우리는 사람에 대한 교육은 없고 처세술과 방법에만 몰두한다. 아직 교육의 뿌리를 찾지 못했다는 증거다. 수십 년 교육을 해도 인간은 여전히 그대로다. 오히려 인간성은 더 악화되고 고치기 힘든 이기적인 모습이 된다. 여기에 교육의 가장 큰 고민이 있다.

학교 교사들을 비참하게 만드는 것은 학과 성적이라기보다는 학생들의 인성에 실망을 느낄 때다. 사람이 변화되지 않는 교육은 의미가 없다. 하루 빨리 교육의 방향과 원리를 찾아서 그것을 먼저 교육을 해야 할 것이다. 그렇지 못하면 열심히 하고서도 헛된 교육이 되고 더 이상 발전이 없이 제자리에만 머무는 교육이 된다. 기술에 초점을 맞춘 교육에서 인간에 초점을 맞춘 교육으로 새롭게 과정을 구성해야 한다. 교사도 양성해야 하고 교재와 프로그램도 계발해야 한다. 아직 인성교사를 두는 학교는 어디에도 없다. 교사의 인성 훈련은 관심도 없다. 이것은 지금 우리 교육이 인간이 아닌 다른 것에 관심이 있음을 보여주는 예다.

# 인성교육에 실패한 학교

우리나라 학교교육 현장을 보면 무언가 잘못되어 가는 듯한 느낌을 지울 수가 없다. 인성교육의 중요성이 없다 보니 학교는 학과 수업을 하는 곳으로 인식되었다. 오직 학과목에 치중한 결과, 모든 학교가 대학에 들어가는 준비 학교가 되었다. 좋은 대학에 많이 입학시키는 학교가 우수한 학교가 되고 그곳에 사람들이 모여든다. 대학 이외의 것은 학교에서 자리를 잡을 수 없다. 학교에서 인성교육은 도저히 할 수 없는 상황이 되었다.

교실이 붕괴되는 오늘날 학교의 모습은 실로 참담하다. 이제는 학교에서 교사가 체벌도 전혀 할 수 없다. 무슨 말인가? 학생들이 잘못된 길을 가더라도 그들을 훈계하고 채찍을 들 수 있는 교사의 역할은 사라졌다는 뜻이다. 학생들의 잘못을 뻔히 알면서도 그냥 내버려 둘 수밖에 없는 학교 현실은 교사들을 슬프게 만든다. 교사의 정체성마저 흔들리게 한다. 요즈음 학생들은 교사의 가르침을 받지 않으려 한다. 지금 학교 상황으로는 학생의 인생을 진리로 이끄는 교사의 역할은 기대하기 힘들다. 학교에서 좋은 인간성을 교육한다는 것은 사실 거의 불가능하다. 이것은 지금 우리의 교육이 기초부터 흔들리고 있음을 의미한다. 오히려 예전에는 공부는 부족해도 학교에서 교사를 통해 인성을 배울 수 있는 환경이 되었다. 그러나 지금은 인간을 만드는 교육은 실종된 지 오래다.

왜 이렇게 학교에서 학생들을 다루기 힘든 상황이 되었는가? 필자도 대안 중고등학교에서 학생들을 몇 년 간 가르친 경험이 있다. 상당히 좋은 가정환경에서 선발된 학생들임에도 불구하고 다루기 힘든 학생들이 많았다. 주변의 교사들이 힘들어 하는 것을 보면 "정말 대책이 없구나" 할 정도로 아주 심각한 경우가 많았다. 그들을 달라지게 하려면 오랜 시간을 기다려야 한다. 자연히 교사들은 진이 빠지고 자포자기하게 된다. 사명감을 가지고 그들을 지도한다는 것이 여간 힘든 일이 아니다.

나중에 교사들과 필자가 내린 작은 결론이 있다. 그들이 학교에 적응이 잘 안 되는 가장 큰 이유는 가정에 있다는 것이다. 가정교육이 안 된 상황에서 학교에 오니 문제가 생길 수밖에 없다. 그들은 부모를 무시하듯이 교사를 무시하고, 동료 학생을 괴롭힌다. 가정에서 풀지 못한 스트레스를 학교에서 해소하다 보니 더 큰 문제들이 발생한다. 학교에 있는 다른 학생들과 교사가 그 피해자가 된다. 가정에서의 교육이 아예 이루어지지 않는 상황에서 학교의 상황은 밖에서 생각한 것보다 더 심각하다.


## 인성 위에 재능을 세워라

학과목 성적을 올리는 것과 재능을 키우는 일은 그래도 쉬운 편이다. 자기가 하려고 마음을 먹으면 점수와 기술을 높이는 것은 언제나 가능하다. 그러나 사람 교육은 힘들다. 단기간에 이룰 수 없다. 사람은 평생을 가도 좀처럼 달라지지 않는 특징을 가지고 있다. 성인이 되면 부모도, 친구도, 배우자도 그 사람을 좀처럼 변화시키지 못한다. 그래서 사람이 변한다는 것은 거의 기적에 가깝다고 말한다. 이것은 시간이 갈수록 더 그렇다. 특히 나이가 들면 더욱 더 어렵다는 것을 필자는 목회를 하면서 늘 경험하고 있다.

그렇다면 결론은 하나다. 어릴 때가 중요하다. 인성의 기초가 다져지는 어릴 때 인간에 대한 교육을 집중적으로 해야 한다. 이때가 인성을 발달시키는 데 적기다. 다른 학과목 교육은 조금 늦게 해도 문제가 없다. 노력하면 충분히 따라갈 수 있다. 그러나 한 번 상처받고 비뚤어진 인간을 제자리로 돌린다는 것은 여간 힘든 일이 아니다. 지금이라도 사람에 교육의 초점을 맞추자. 결국은 사람이 해답이다. 학교를 졸업한 후에 결혼하여 가정을 이루면서 인생을 평가하는 마지막 기준은 오직 하나, 인간이다. 인간에서 성공하면 모든 것이 성공한다. 그러나 인간에서 실패하면 모든 것이 실패한 것이다.

인성 위에 키운 재능은 더욱 빛이 난다. 그러나 아무리 재능이 좋아도 인성에서 문제가 생기면 그 재능과 실력은 진정한 힘을 발휘하지 못한다. 지금이라도 인성으로 인생의 기초를 다지자. 그 일에 부모들이 집중하고 힘써야 할 것이다. 인성이 어느 정도 해결되면 인성에서 동기와 태도와 목표가 이루어지므로 자연히 공부는 가속도가 붙게 된다. 느린 것 같지만 빠르다. 모든 것을 자기주도적으로 하게 된다. 교육의 시작과 마지막은 인성에서 결정된다. 행복한 영재교육의 비결은 얼마나 인성의 기초가 튼튼한가에 따라 달라진다.

가정과 교회는 인성을 담당하는 가장 좋은 교육 현장이다. 어릴 때 가정과 교회 생활을 얼마나 잘 하느냐에 따라 인성교육의 성패가 달려 있다. 교회는 가정이 감당할 수 없는 영적인 부분을 담당한다는 점에서 반드시 협력해야 한다. 가정과 교회가 서로 협조한다면 행복한 영재교육의 길이 열리게 될 것이다.

# 인성교육의 방법

인성교육은 생각처럼 그렇게 쉬운 일이 아니다. 재능은 반복하여 훈련하면 누구든지 발달시킬 수 있다. 그러나 인성은 그렇지 않다. 인성교육은 인간의 노력으로 되는 것이 아니다. 이것은 하나님의 은혜가 필요하다. 인간은 죄악 중에 태어났기에 본래 악하다. 사람은 겉보기에는 선하게 보여도 인간은 본질적으로 악한 존재다. 성경은 모든 사람이 죄인이라고 선언한다. 이것은 인간의 노력으로는 안 된다는 것을 의미한다.

그렇다면 인성을 선하게 만들기 위해서는 어떻게 해야 할까? 옛 사람은 죽고 새로운 사람이 태어나야 한다. 본래 악한 성품을 개선시킨다고 해서 그 사람이 개선되는 것이 아니다. 악한 성품은 완전히 죽지 않으면 안 된다. 성경은 이것을 옛사람이라고 말한다. 그리스도와 함께 옛사람을 십자가에 장사지내야 한다. 그리고 새 사람으로 태어나야 한다. 인성교육은 그리스도를 믿고 거듭날 때 가능하다. 인성은 훈련한다고 해결되는 것이 아니다. 인간의 힘으로는 본질적인 악한 성품을 변화시킬 수 없다.

우리는 구원받을 때 옛 성품은 죽고 성령으로 새 성품에 참여하게 된다. 성령의 9가지 열매와 같은 성품이 새롭게 만들어진다. 이것은 성령의 선물로 주어진 새로운 성품이다. 인성의 변화는 인간의 노력이 아닌 성령의 역사로 가능하다. 많은 사람들이 인성교육을 함에도 실패하는 이유는 성령의 도움을 받지 않기 때문이다. 기도하면서 지속적으로 하나님의 도움을 구해야 한다. 하나님이 점차 우리의 모습을 변화시켜 주실 것을 기대해야 한다.

인성교육은 크게 두 가지 부분에서 훈련이 필요하다. 첫째, 마음에 해당되는 내적인 부분이다. 둘째, 외적인 행동에 대한 부분이다. 올바른 인성교육은 마음과 행동이 일치될 때 이루어진다.


## 인성교육은 마음의 변화가 우선이다

여기서 중요한 것은 행동보다 마음이다. 먼저 마음의 변화가 일어나지 않으면 행동의 변화는 힘들다. 마음은 영적인 부분이고 행동은 육신적인 부분이다. 우리의 행동은 모두 마음에서 나오는 것들이다. 악한 행동을 하는 것은 악한 마음이 있기 때문이다. 먼저 마음을 선한 것들로 가득 채워야 한다. 그렇게 되면 자연히 행동도 선하게 된다.

"선한 사람은 마음에 쌓은 선에서 선을 내고 악한 자는 그 쌓은 악에서 악을 내나니 이는 마음의 가득한 것을 입으로 말함이니라." (누가복음 6:45)

인성교육은 마음이 그 시작점이다. 선한 말을 듣고 좋은 말씀을 마음에 채우는 것이다. 가득 채우기까지는 입 밖으로, 행동으로 나오지 않으나, 인내하며 좋은 말씀을 마음에 많이 담아 두는 것이 중요하다. 어릴 때 말씀을 마음에 새기고 암송하고 성경 이야기를 많이 듣는 것이 인성교육을 결정한다고 해도 과언이 아니다. 세상의 악한 것들이 마음에 자리 잡기 전에 먼저 하나님의 말씀으로 마음을 가득 채우는 일이 필요하다. 어릴 때를 놓치면 점차 힘들어진다. 오늘도 사단과 전쟁이 시작되고 있다.

사단은 어린이의 마음에 악한 생각들을 심기 위해 얼마나 힘쓰는지 모른다. 따라서 태어날 때부터 어린아이의 마음에 좋은 말씀으로 새기고 주야로 말씀을 들려주고 가르치는 일은 너무나 중요하다. 부모가 이 일에 앞장서서 우선으로 삼고 실천하는 것은 가장 좋은 인성교육 방법이다.

## 마음에서 행동으로 이어지는 인성

이제 말씀을 듣고 배우며 마음에 새겼다면 마음에 새긴 그 말씀을 행동으로 실천하는 일이 뒤따라야 한다. 예수님은 산상수훈에서 말씀을 듣는 데만 그치지 말고 그것을 지켜 행하는 데까지 나가야 함을 말씀하셨다. 삶에서 실천하도록 가르칠 때 드디어 살아 있는 인성교육이 된다. 억지가 아닌 자원하여 행하는 단계까지 나가야 한다. 행함까지 나아가지 않으면 아직 인성교육에 온전히 이르지 못한 것이다. 진정한 앎은 실천까지 나아가는 것이다.

"하나님을 사랑하고 이웃을 사랑하라"는 말씀을 배우고 들었다면 이제 그것을 삶에서 실천하는 데까지 갈 때 진정한 인성교육이라 할 수 있다. 하나님을 사랑하는 사람은 그 사랑의 표현으로 예배당에 나와 예배를 드리고 성도를 사랑하고 섬기며 또한 생활에서 말씀을 전하는 일을 한다. 만약 예배를 거부하고 말씀을 배우지 않는다면 하나님을 사랑하는 것은 거짓이다. 이웃 사랑의 교훈을 알았다면 이제 이웃을 대하는 태도에 예의를 갖추고 섬겨야 한다. 작은 한 사람이라도 소중하게 대해야 한다. 부모님이나 선생님께 함부로 대한다면 그것은 곧 말씀을 어기는 것이다.

남에게 피해가 되지 않도록 조심하고 남을 먼저 배려하는 것 등을 가르치는 것이 인성교육이다.

사람의 인성은 마음에 있는 것이 행동으로 나타나면서 이루어진다. 특히 윗어른들에게 예를 갖추고 인사를 잘 하는 것, 이웃에게 거짓말하지 않는 것, 도적질하지 않는 것, 친구와 한 약속은 꼭 지키는 것 등은 모두 인성과 관계된 것들이다. 이것은 십계명에 자세하게 나와 있다.

물론 마음보다는 형식적인 것에 비중을 두어 자기를 드러내기 위해 행동을 가장할 수도 있다. '표리부동' 이라는 말이 있다. 겉과 속이 다른 경우를 두고 하는 말이다. 이것은 비인격적인 사람의 특징이다. 인성교육은 외면과 내면을 일치시키는 것이다. 점차 이것이 하나로 일치될 때, 우리는 그 사람을 인성이 좋은 사람이라고 말한다.

예수님 당시 대부분의 바리새인들과 서기관들은 겉과 속이 달랐다. 그들의 마음은 악했기에 예수님을 시기하고 죽이려고 했다. 그러면서도 늘 외적인 행동을 더 중요하게 여기고 자기를 드러내려고 했다. 마음속에 악함을 품고 있었던 당시 유대인들의 인성은 이런 점에서 문제가 많았다. 지금도 유대인 교육을 보면 외적인 것에 너무 많은 의미를 부여하고 그것으로 사람들과 구별하려고 하는 경향이 있다. 지나칠 정도로 외적인 치장과 외식을 강조한다. 외적인 의식이나 법과 규칙 등을 상세하게 정해서 실천하는 것은 인성교육에 필요한 부분이다. 하지만 너무 외적인 부분에 강조를 두면 마음에 대한 것을 등한시하기 쉽다. 예수님은 이런 유대인들의 문제점을 지적하셨다. 유대인들 마음속의 생각을 아시고 그것을 먼저 고치라고 말씀하셨다.

## 인성교육의 해결점

한국의 인성교육은 어떠한가? 오랫동안 유교의 영향을 받은 한국 교육은 유대인처럼 외적인 형식에 비중을 많이 두었다. 주로 체면과 예의와 의식을 중시하는 방향으로 학교교육이 진행되었다. 예를 들면 두발과 복장과 외적인 태도를 지적하면서 그것을 바르게 하려고 힘썼다. 학교나 가정에서 회초리를 들고서 외적인 잘못된 행동을 제지하는 방향으로 인성교육을 했다. 그러나 근본적인 변화는 잘 일어나지 않았다. 그런 교육을 받고 졸업한 사람들 가운데 오히려 부정과 부패의 고리에서 벗어나지 못하고 늘 사회적인 문제를 야기한 경우가 많았다. 그것은 인성교육의 한계를 드러내는 것이었다. 근본적인 마음의 변화가 일어나지 못한 상태에서 형식의 강조는 오히려 더 큰 죄악을 낳는다.

그러나 요즈음 우리 교육의 현장은 미국의 실용주의 교육과 열린교육이 대세를 이루면서 유교적인 전통은 사라지고 학생 중심의 교육으로 변화되었다. 외적인 형식보다는 학생들의 자유로운 선택을 강조하면서 오히려 학교교육의 붕괴는 심각한 수준에 이르렀다. 이제는 학교가 거의 통제가 힘든 상황이 되었고 인성을 교육할 수 있는 기회는 점점 사라지고 있다. 마음의 변화가 안된 상태에서 형식마저 무너져 버리니 겉잡을 수 없는 상황이 되고 말았다.

이것을 해결하기 위해서는 먼저 마음교육을 해야 한다. 그중에서도 구원받는 일이 일어나야 하고, 성령을 받아 새 사람이 되는 일이 우선이다. 오히려 인성교육 이전에 영성교육이 먼저 일어나야 한다. 예수님이 제시한 8복의 사람이 되는 것이 인성교육의 시작이다. 그럴 때 행복한 영재가 될 수 있다.

이렇게 보면 인성교육은 사실 지금 학교교육으로는 불가능하다. 학교에서는 인성교육을 하고 싶어도 사실 그럴 만한 힘이 없다. 그렇다면 가정과 교회에서 이 부분을 담당해야 할 것이다. 만약 가정과 교회가 영성교육을 등한시하면 인성교육은 점차 힘들어질 수밖에 없다.

예수님은 사람에게 변화가 일어나는 조건으로 행동보다 먼저 존재와 마음을 더 강조했다. 하지만 그렇다고 해서 행동을 무시하지 않았다. 믿음은 행함으로 나타나야 산 믿음이다.

"누구든지 나의 이 말을 듣고 행하는 자는 그 집을 반석 위에 지은 지혜로운 사람 같으리니." (마태복음 7:24)

예수님이 가르치는 인성교육은 먼저 마음의 할례를 받고 거듭나는 일이다. 그리고 그것이 삶으로 실천될 때 온전한 사람이라 말할 수 있다. 인성교육은 마음과 행동을 함께 교육해야 한다. 물론 마음이 변화받고 행동하는 것은 나의 힘이 아닌 성령의 인도하심을 받을 때 가능하다. 내가 나의 인성을 만들어 가는 것이 아닌 성령님이 나의 인성을 다듬어 가신다. 성령이 주도적으로 나를 하나님의 형상으로 만드신다.

성령의 지배를 받기 위해서는 인간의 순종이 절대적이다. 내 안에 계신 성령님께 순종하면 성령이 통치하게 된다. 결국 내 안에 하나님의 나라가 이루어진다. 내가 사는 것이 아닌 내 안에 그리스도가 사는 삶이 된다. 바울이 이런 삶을 이룬 대표적인 모델이다(갈 2:20). 성령님께 순종하는 법을 배우고 하나님의 뜻에 따르는 법을 교육하는 것이 인성교육의 가장 확실한 방법이다. 이렇게 보면 순종은 인성교육의 핵심이라 할 수 있다. 이것은 성경 전체가 강조하는 부분과도 일치한다.

순종을 통해 좋은 인성과 성품이 행동으로 나타나 열매를 맺는다. 모든 교육은 결국 인성을 어떻게 교육하였느냐에 따라 성패가 결정 된다.

• 원리 2 •

# 성경으로 교육의 뿌리를 내려라

## 핵심을 잡아라

교육현장에서 혼란이 일어나는 모든 원인은 기본 원리에서 벗어났기 때문이다. 기초적인 것을 등한시하고 교육 내용을 잡다한 것으로 채우면 많이 교육하고서도 오히려 문제를 야기할 수 있다. 교사가 학생을, 혹은 부모가 자녀를 교육할 때 이 원리는 그대로 적용된다. 어릴 때부터 진리를 충실히 가르치고 배우게 하는 것이 중요하다.

광대한 영토를 정복했던 알렉산더 대왕은 도시를 정복할 때 모든 도시의 성벽을 정복하지 않았다. 그렇게 넓은 땅을 모두 정복한다는 것은 여러 가지 면에서 불가능했다. 그러면 어떻게 했을까? 그는 가장 중요한 것을 정복했다. 핵심을 얻으면 나머지는 저절로 얻게 된다는 원리를 적용했다. 이것은 교육에서도 그대로 적용된다. 우리도 가장 중요한 원리를 어릴 때부터 충실히 실행한다면 나머지는 저절로 이루어지게 될 것이다.

한국 교육은 기초에 관심이 적다. 자연히 모든 삶에서 기본이 약할 수밖에 없다. 교육은 단기간에 이루어지지 않는다. 예로부터 교육은 백년지

대계(百年之大計)라 했다. 교육은 길게 보면서 해야 한다. 근시안적인 교육정책보다 앞으로 적어도 100년의 미래를 내다보는 장기적인 교육정책이 요구된다. 이런 교육정책이 실제로 잘 안 되는 이유는 기초에 대한 의식이 약했기 때문이다. 그리고 아직 기초를 다지는 교육의 뿌리를 찾지 못한 때문이다. 지금이라도 무엇이 교육의 기초인지 찾아서 거기서 다시 시작한다면 해결책이 보일 것이다.


## 성경은 최고의 인성 교과서다


교육의 기초는 인간이다. 인간을 변화시키는 것이 교육의 궁극적인 목표다. 이것은 첫째 원리에서 강조했던 부분이다. 인간에 초점을 두면 교육을 통해서 모두가 행복해질 수 있다. 그렇지 않으면 인간은 많은 공부를 하고서도 아주 불행해지게 된다. 그렇다면 무엇을 가지고 인성을 교육하느냐 하는 문제가 남는다. 즉 인성 교과서에 대한 것이다. 교과서가 없으면 공부하고 싶어도 공부할 수 없다.

우리 교육의 또 하나의 문제는 인성교육을 하고 싶어도 인성 교과서가 없다는 데 있다. 도덕과 윤리 교과서가 있지만 이것은 이미 학교에서 천덕꾸러기가 된 지 오래다. 인성 부분에서는 교사와 교과서와 교육 내용 모두가 부실한 상태다. 옛날에는 『명심보감』 같은 책이 있어서 그것으로 그나마 명맥을 이어왔다. 그러나 현대에 와서는 그것마저도 사라진 지 오래다.

우리는 그동안 인생의 원리를 가르치는 교과서를 갖지 못했다. 다음 세대까지 영원히 전수해 줄 국민적 교과서가 없다. 정권과 교육부 장관이 바뀌면 교육정책이 달라지고 혼선이 일어나는 것은 뿌리가 되는 교육 교과서가 없기 때문에 나타나는 현상이다. 교육이 상황과 시류에 따라 움직이고 좀처럼 제자리를 찾지 못하는 것은 아직 교육의 근간을 잡지 못했기 때문이다. 지금이라도 자손 대대로 물려줄 변하지 않는 교육의 기준을 찾는 것이 시급하다.

인류 역사 이래로 인간을 교육하는 최고의 교과서를 들라면 그것은 단연 성경이다. 성경은 일시적인 효과와 실용성을 강조하는 책이 아닌 시간이 지나도 변하지 않는 인간의 본질과 인간의 삶에 관한 책이다. 성경은 종교적인 의미 이상의 가치를 담고 있는, 세계적으로 검증된 인성 교과서다. 역사를 살펴보면 성경을 통하여 수많은 사람들이 변화된 것을 발견할 수 있다. 이것의 사례는 헤아릴 수 없을 정도로 많다. 지금도 성경을 통해서 많은 변화가 일어나고 있다.

필자는 오래전부터 구치소에 있는 재소자들을 만나 전도하며 성경을 가르치는 일을 해오고 있다. 매번 그들을 만나면서 느끼는 것은 그들을 변화시키는 것은 오직 성경밖에 다른 것이 없다는 믿음이다. 그동안 읽지 않았다 할지라도 인생의 막다른 골목에 이르게 되면 결국은 성경을 집어 들게 된다. 어두운 독방에서 인생의 희망을 전해 주는 빛과 같은 책으로 성경보다 더 좋은 책은 없다. 지금도 감옥에서 오직 성경 하나로 위로와 꿈을 갖고 사는 사람들이 많이 있다. 도저히 변화될 것 같지 않던 사형수와 흉악범들이 성경을 읽고 변화되는 것을 나는 수없이 보았다. 인생을 마치는 사람이 마지막까지 손에서 놓지 않고 읽는 책은 성경이다. 어떤

유대인의 아버지가
자녀를 가르치는 모습

책도 죽음 앞에서는 의미가 없다. 그러나 성경은 죽는 순간까지도 읽으면서 천국을 바라보며 희망을 품게 하는 위대한 책이다. 세상 어디에서도 이만한 책을 발견할 수 없다.

성경은 인생의 뿌리를 제공한다. 성경을 보면 모든 것이 보인다. 성경은 세상과 사람과 자연과 역사와 우주 그리고 시간까지도 알 수 있는 책이다. 우리가 알고 공부하는 모든 것을 포괄하는 책이다. 성경은 모든 학문의 원천이요 학문체계의 기초가 된다. 성경을 통해서 우리는 세상에 존재하는 모든 것, 즉 인간과 자연과 세계의 총합을 알 수 있다. 특히 보이는 것에서 보이지 않는 세계까지 찾아 들어갈 수 있는 책이다. 성경은 세상의 모든 원리를 알게 하는 교육의 뿌리를 세우는 교과서다.

성경은 인성교육의 최고 교과서다. 다른 책으로는 인성을 이렇게 온전하게 가르칠 수 없다. 유대인들이 다른 민족에 비해 우수한 이유는 먼저 성경을 통해 인성을 다졌기 때문이다. 인성을 다지지 않고 탁월한 여러 가지 교육을 한다 한들 그것은 헛된 것이다. 그런 교육은 계속적으로 힘을 발휘할 수 없고 중간에 무기력해질 수밖에 없다. 먼저 인성의 힘을 길러야 한다. 그래야 문제가 닥쳐도 탁월하게 빛을 발휘한다. 그러나 인성교육이 잘 되지 못하면 어려움을 이겨 나갈 수 없다. 인성교육이 안 되면 잠시는 성공해도 평생을 성공하기는 어렵다. 인생에는 수많은 고난과 역경이 있다. 알지 못하는 일들을 만날 수 있다. 수고로운 시간들을 견뎌 내야 하는 것이 인간의 삶이다. 이런 것들은 세상의 성공과 인기와 재능으로는 해결이 안된다.

가끔 우리는 사회적으로 성공한 듯 보이는 사람들의 슬픈 소식을 접한다. 그리고 충격에 빠진다. 그것은 무엇을 의미하는가? 인생의 기초가 얼마나 중요한지를 말해 준다. 그리고 사회적으로 얻은 명성과 성공이 그가 가진 인생의 고민을 해결해 주지 못한다는 것을 분명히 보여준다. 만약 인성교육이 잘 되었다면 그런 일은 일어나지 않을 것이다.

인생에 닥치는 고난과 수고와 죽음 등을 해결할 수 있는 책이 무엇일까? 지금 우리가 그렇게 올인하고 있는 수학, 영어, 국어가 그것을 해결해 줄 수 없다. 그것으로는 인성교육이 안된다. 물론 그 외 다른 과목들이 있다. 사회와 과학과, 도덕과 윤리와 철학, 그리고 예체능 등의 과목이 있지만 그것 역시 인성을 교육하기에는 많이 부족하다.

우리에게는 인성을 가르칠 수 있는 교과서가 없다. 교사들이 학교 수업에서 틈틈이 말해 주는 인생 이야기가 전부다. 그러나 이제는 그런 이야기도 주요 과목에 밀려 제대로 들을 수 있는 기회가 없다.

그럼에도 우리는 이런 교육의 문제를 크게 제기하지 않는다. 그리고 무려 20여 년 동안 시간을 허비한다. 하나님과 인간과 이웃에 대해서 어느 누구도 시원하게 가르치지 않고 그것에 대해 대화를 나누지 않는다. 많은 고민과 대화를 해야 함에도 그런 것은 학과목에서 제외되었다. 그래도 미션스쿨은 종교 과목을 통해 그것을 감당했지만 이제는 그것마저도 힘든 상황이 되었다. 학교에서는 종교에 대한 내용을 가르치면 안 된다는 교육지침이 그런 일들을 가로막고 있다. 그것은 스스로 인간을 죽이는 교육을 하는 것이다.

이런 면에서 보면 성경이 우리에게 있다는 것은 얼마나 다행스러운 일인지 모른다. 지금이라도 성경을 교육의 기본으로 삼는다면, 이런 인성의 문제는 해결될 것이다. 성경은 사람을 구원하고 변화시키는 책이다. 성경을 가장 기본 교과서로 삼고 특히 어릴 때부터 교육하면 희망이 보일 것이다. 성경을 통해 철저하게 인간과 세상에 대한 공부를 한다면 어떤 어려움도 이길 수 있는 힘을 얻게 될 것이다.


## 유대인 교육의 강점


유대인이 교육으로 세계에서 두각을 나타내게 된 비결은 방법이 아닌 원리에 있다. 즉 그들은 탁월한 교육 교과서를 가지고 있다. 수천년이 지나도 변하지 않는 교육 교과서인 토라와 탈무드가 있다. 탈무드 역시 성경을 원리로 하여 만든 교육서다. 유대인의 모든 교육은 이것을 근간으로 한다. 이것은 학교뿐 아니라 가정도 마찬가지다.

토라는 모세오경으로 이야기와 가르침이라는 의미가 있다. 이스라엘이 누구인지, 이스라엘이 어떻게 살아야 하는지를 일깨워 주는 가르침의 책이다. 토라는 본래 권위적인 가르침, 지침을 가리킨다. 우리로 말하면 길, 도(道)라는 뜻이다. 토라 중에서 가장 근본이 되는 말씀이 쉐마다. 쉐마는 '들으라' 는 의미로 신명기 6:4~9절까지 내용이다. 이 내용은 세 가지로 나눌 수 있는데 첫째, 하나님은 한 분이시다. 둘째, 이스라엘 백성이 하나님께 해야 할 도리는 하나님을 전인적으로 사랑하는 일이다. 셋째, 이스라엘 백성이 자신과 자녀에게 해야 할 도리는 말씀을 가르치는 일이다.

유대인 교육은 이 세 가지 원리로 교육과정이 구성되었다. 쉐마를 가

장 중요하게 생각하면서 아침과 저
녁으로 반복하여 이 말씀을 암송한
다. 그들은 평생 동안 쉐마를 통하여
교육의 목적과 방향을 기억하면서
교육에 임한다. 유대인의 모든 공부
와 교육은 무엇을 하든지 하나님을
사랑하는 일에 초점이 맞추어져 있
다. 일시적이고 실용적인 교육보다

토라함을 여는 예시바 어린이들

인간의 도리를 먼저 가르치고 그것을 삶에 적용한다. 방법은 변하지만 원
리는 영원히 변하지 않는다. 이런 면에서 유대인 교육은 원리에 충실한
교육이다.

변하지 않는 가치를 붙잡는 유대인의 교육을 우리가 따라잡지 못하
는 것은 어쩌면 당연한 일이다. 유대인 교육은 진리에 근거한 교육이기에
어떤 유행과 풍조가 밀려와도 변함없이 교육의 틀을 유지할 수 있다. 오
늘 우리에게도 이런 변하지 않는 교육구조가 요구된다. 학교나 가정에서
이런 교육의 틀을 가진다면 그것 하나만으로도 이미 가문의 영광의 길이
열린 것이다.


## 성경은 모든 교육의 원리다


교육은 창조적인 작업이다. 인간이 교육을 받으면 창조적인 사람이
된다. 이것이 인간에게 교육이 필요한 이유다. 인간의 창조는 하나님의

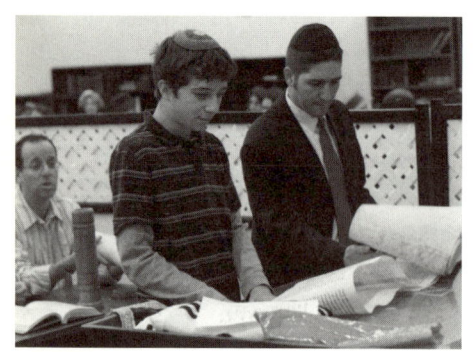
토라를 읽는 청소년 학생

창조에 근거를 둔 재창조의 의미를 갖고 있다. 하나님을 아는 것이 모든 것의 시작이다. 모든 지식의 근본은 하나님을 경외하는 데서 출발한다. 우리가 공부하고 있는 모든 지식들은 알고 보면 하나님의 창조에서 재발견된 것들이다. 만약 하나님을 모른다면 그 교육은 헛된 것이 된다. 뿌리 없는 교육이 될 수밖에 없다.

성경은 하나님의 창조 이야기가 기록된 책이다. 세상의 모든 원리는 성경에서 나온 것이다. 성경은 모든 교육의 원리가 된다. 사람들은 성경을 종교적인 경전 정도로밖에 생각하지 않는 경향이 있다. 그래서 그들은 성경을 교육 교과서로 사용하는 것을 꺼린다. 그러나 세상과 인간의 뿌리를 알려면 성경은 필수적이다. 성경 속에는 어느 책에서도 가르쳐 주지 않는 세상과 인생의 이야기가 들어 있다.

성경은 변하지 않는 영원한 진리로 우리를 안내한다. 진리를 공부하는 것은 교육의 핵심이다. 그렇다면 당연히 성경이 교육의 주체가 되어야 한다. 사상이나 철학이 교육의 주체가 되면 안된다. 사상이나 철학이 주도하면 근본적인 인성보다는 철학과 사상으로 만들어진 이념적인 인간이 될 수 있다. 세상과 사람은 말씀으로 창조되었다. 말씀으로 창조된 사람의 변화는 오직 말씀으로만 가능하다. 이것이 모든 성경이 모든 교육의 시작점이 되어야 하는 중요한 이유다.

말씀은 히브리어로 '다바르(dabar)' 이다. "나중에 있는 것을 이전으로

쫓아내고 몰아버린다"는 의미를 지니고 있다. '다바르'는 적극적으로 활동하는 것, 행위적인 것을 포함한다. 또 '다바르'는 창조능력, 사건이라는 의미와 함께 "모든 것의 근원"이라는 뜻도 있다. 창조의 힘은 곧 말씀이다. 말씀은 모든 것의 시작이다. 성경을 뿌리로 삼는 것은 곧 교육의 시작을 하나님으로 한다는 것을 뜻한다.

## 자연을 뿌리로 한 교육

일반 교육은 성경이 아닌 자연에 뿌리를 둔다. 자연은 물질이다. 그들은 인간을 자연에서 나온 것으로 이해한다. 일반 교육에서 자연은 인간보다 늘 앞서 있다. 예를 들면 우주와 물질을 세상의 근원으로 보고 교육을 한다. 인간은 자연의 부산물로 본다. 그러나 자연이 어디에서 시작되었는지는 아무도 밝히지 못한다. 과학은 빅뱅 이전의 일에는 침묵하고 있다. '21세기의 아인슈타인'으로 불리는 스티븐 호킹은 『위대한 설계』 (Grand Design)에서 우주를 창조한 대폭발인 '빅뱅'은 신의 개입보다는 자연의 중력의 법칙에 의해 발생한 것이라고 주장했다. 그러나 그의 주장은 우주의 중력의 법칙은 누가 만들었는지 밝히지 못하는 상황에서 나온 무책임한 가설이라 볼 수 있다. 과학적으로도 증명이 안 되는 모순이다.

우리가 학교에서 배우는 교육은 자연을 모든 것의 시작으로 보고 가르친다. 어떤 경우는 자연을 신이라고 말한다. 고대부터 신을 해, 달, 별 등과 관련시켜 이해한 것도 이런 맥락과 같이 한다. 그들은 인간을 자연 아래에 두고 모든 것을 이해했다. 그러나 자연을 누가 만들었는지에 대해서는 말하지 못하고 하나님처럼 스스로 존재했다고 주장한다.

이것이 우리가 학교에서 배우는 교육의 기본 틀이다. 이런 교육론은 루소의 『에밀』의 영향이 크다. 지금도 루소의 교육론은 우리 교육의 근간이 되고 있다. 하나의 소설 형식으로 쓴 『에밀』은 교육론이다. 루소는 여기서 자연, 사물, 인간의 세 가지 측면을 말하고 있는데 그중에서 '자연의 교육'이 가장 기본이 된다고 주장한다. 자연 상태에서 인간이 가장 자유롭고 행복하다는 것이다. 루소는 인간이 불행하게 된 것은 사회와 제도와 문화 때문이라고 보았다. 그래서 인간성 회복을 위해서는 자연으로 돌아가야 한다고 보았고 이것을 교육에 적용했다.

그러나 루소는 인간의 본질을 잘못 이해했다. 루소는 인간의 죄악의 원인을 인간이 자연에서 떠난 것으로 보았다. 이런 그의 가설은 근본적인 문제를 안고 있다. 인간이 타락하고 부패한 것은 자연을 떠났기 때문이 아니다. 인간의 모습을 제대로 파악하지 못한 루소의 한계는 어쩌면 모든 인간이 가지고 있는 모습이기도 하다. 인간에게 죄가 들어온 것은 인간이 스스로 근원임을 주장한 교만 때문이다. 이런 인간의 교만함은 모든 인간이 태생적으로 가지고 있다.

자연은 인간의 죄를 해결할 수 없다. 물론 자연의 섭리를 통해서 인간은 하나님을 인식하고 겸손하게 자기를 깨닫는 완화의 기능은 할 수 있지만 인간의 본질적인 마음의 죄를 해결할 수 없다. 인간이 산속에 들어가서 산다고 해서 욕망이 사라지지 않는다. 산속에 있을 때는 조금 완화가 되는 듯하지만 세상에 내려오면 그 본성은 어느새 다시 나타난다. 이것은 우리가 경험적으로 볼 때도 문제가 있는 교육이론이다. 종종 사람들은 루소의 자연 교육론이 유일한 대안이라고 생각하지만 그것은 오히려 해결을 더 어렵게 한다.

이런 교육론을 주창한 루소 자신조차도 실상 자녀를 고아원에 보내는 등 실패한 교육을 했다. 루소의 비인간적인 이중성은 그의 사생활에서 드러났다. 그는 많은 여성들과 동거하면서 결혼생활은 실패했다. 만년에는 피해망상증으로 괴로워하다가 66세의 나이로 죽었다. 정작 본인에게 숨겨진 죄악성은 해결하지 못했다. 자연이 루소의 성적인 욕망을 자유롭게 해주지는 못했다.

그가 주장한 교육론은 인성에서는 실패한 교육이론임을 보여주는 사례다. 루소의 교육론은 인간의 부패한 마음과 욕망을 인간의 힘으로 해결할 수 없음을 알게 한다. 사람의 마음이 얼마나 악한지, 루소 스스로 후대의 사람들에게 보여준 것이다. 그런데 이런 허상과 같은 교육론을 우리는 여전히 교육의 근간으로 삼고 있다. 따라서 교육을 하면 할수록 오히려 근원은 해결되지 않고 문제가 더 복잡해지는 것은 어쩌면 당연한 것이다.


## 성경을 뿌리로 한 원형교육

성경은 세상에서 밝히지 못하는 자연의 근원을 하나님이라고 말한다. 자연은 말씀으로 만들었다. 하나님이 가라사대 "빛이 있으라 하니 빛이 있었나"(창 1:3). 그농안 세상 교육에서 배웠던 것과는 전혀 다른 이야기다. 자연보다 말씀이 먼저다. 그리고 그 말씀은 곧 하나님이시다. 인간은 자연보다 나중에 창조되었지만 하나님을 대신하여 자연을 지배하고 다스리는 능력을 부여받았다. 아담이 동물들의 이름을 지었다. 자연을 하나님의 섭

대안학교인 기독중고등학교 앞에서 필자

리대로 관리하고 정복하는 것은 인간의 사명이다. 자연보다 인간이 우위에 있다. 그리고 그 위에 하나님이 있다.

인간을 어떤 구조로 이해하고 있느냐에 따라 삶이 달라진다. 우리는 교육을 통해 세상의 원형을 회복해야 한다. 인간은 창조 질서를 바르게 이해하고 그것에 따라 살아가야 하는 사명을 갖고 있다. 뿌리 없는 잘못된 교육이 인간을 지배하면 교육은 인간을 불행하게 만든다. 오히려 이런 교육은 하면 할수록 점차 인성이 메말라가고 허무한 삶이 된다. 이렇게 볼 때 성경을 근거로 한 교육구조의 전환은 아주 시급하다.

우리나라에도 성경교육을 모토로 시작한 기독교 대안학교가 많이 있다. 이들 학교를 보면 대부분은 가장 중요한 목표를 '성경을 기초로 하는 교육'이라고 말하고 있다. 세부 내용을 보면 "인간관―인간은 하나님의 형상으로 지음받았고 타락 후 구원받아야 할 존재이다. 지식관―하나님을 아는 것이 지식의 근본이다. 교육관―교육의 기준, 방법과 원리를 성경에서 찾는다" 등이다. 이런 것을 종합해 보면 기독대안학교는 교육 전체가 철저히 성경 중심을 지향하고 있다. 이것은 세상 학교와 차별되는 우수한 점이다.

그러나 정말 교육의 목표대로 교육의 뿌리가 성경이라면 철저히 성경에서 출발해야 하는데 실제로는 그렇지 못한 경우가 많다. 그것은 아직 성경의 중요성에 대해서 확신이 부족했기 때문이며, 또 생각은 있지만 현실의 벽을 넘지 못하는 한계 때문이다.

철저히 성경이 이끄는 교육이 되기 위해서는 적어도 저학년에서는 성경의 학습량이 월등히 많아야 하는데 그렇지 못하다. 다른 과목과 비슷한 수준에서 성경을 배우고 있다. 보통 우리나라 대안학교를 보면 일주일에 성경 과목은 2시간 정도 배정된다. 사실 이것으로는 턱없이 부족하다. 이렇게 되면 성경은 여전히 절대적인 과목이 아닌 상대적인 과목이 된다. 마치 미션스쿨에서 종교과목으로 성경이 하나 들어가 있는 것과 같다. 이것으로는 삶의 뿌리를 세우는 데 부족하다. 정말 교육의 뿌리가 성경이라는 확신이 든다면 철저히 성경을 배우는 과정이 필요하다. 예를 들면 초등학교나 중학교의 경우에 성경 시간을 더 늘리거나, 오전에는 성경을 집중적으로 배우고 오후에 일반 과목을 배우는 교과과정의 과감한 전환이 요구된다. 이렇게 하기 위해서는 가정에서 어릴 적부터 성경교육이 이루어져야 한다. 그렇지 않고 갑자기 중고등학교에서 성경교육을 강화하는 것은 많은 어려움이 있

예루살렘 예시바 학교 전경

다. 이때가 되면 학생들은 벌써 대학 준비 때문에 차분히 성경을 공부할 수 있는 시간적 여유를 갖지 못한다.

사실 성경을 배운다는 것이 모든 학문의 기초를 숙달하는 것이라고 생각하면 그렇게 어려운 문제가 아니다. (성경을 배우면서 영어와 국어의 논술과 토론과 쓰기와 읽기, 그리고 역사와 사회 등의 과목을 자연스럽게 터득할 수 있다.)

물론 경험이 없는 상황에서는 설득력 있게 교사와 학생과 부모들을 이해시키기 어렵다. 현실적으로 제도권 교육을 무시할 수 없는 상황이기에 대학에 들어가는 방편으로서의 교육을 넘지 못하고 있다. 한 번도 시도하지 못했기에 이런 교육에 대한 불안감이 있다. 그러나 이것은 오랫동안 유대인 예시바 학교에서 검증이 되고 있는 사례이기에 우리도 적용이 충분히 가능하다고 본다.

신학교에서도 마찬가지다. 작은 신학교까지 합치면 한국에 200여 개의 신학교가 있다. 적어도 신학교에서는 학부 1~2학년 때는 성경을 철저히 집중적으로 가르치고 그것을 기초로 다른 학문들을 해야 하는데 그것이 잘 안 되고 있다. 신학교조차도 성경은 많은 학문들 중 하나로 존재한다. 실용적인 학문이 점차 대세로 자리 잡으면서 신학의 뿌리인 성경이 중심에서 밀려나고 있다. 당연히 신학교육은 기초가 흔들릴 수밖에 없다. 신학교 역시 일반 학교와 거의 비슷한 형태로 나가는 모습은 우리 신앙교육의 현주소를 그대로 말해준다.

# 유대인 성경교육의 문제점

성경을 공부하면 무조건 다 좋은 것인가? 그렇지 않다. 잘못된 가르침은 오히려 더 큰 문제를 낳을 수 있다. 우리는 성경을 공부하면서 한 가지 꼭 명심해야 할 일이 있다. 그것은 성경을 공부하는 목적이다.

유대인은 모든 삶이 성경 중심이다. 인생에서 성경(토라)을 가장 중요하게 생각한다. 토라를 사랑하는 그들의 모습은 우리가 상상하는 그 이상이다. 토라를 들고 축제를 하고 토라에 입을 맞추고 경건하게 토라를 읽는 유대인들을 지금도 이스라엘과 전 세계에 흩어져 있는 유대인 사이에서 흔히 볼 수 있다. 토라 없는 유대인은 생각할 수 없을 정도로 토라를 생활의 중심에 두고 있다. 그러나 그들은 인생에서 성경을 붙잡은 것에서는 탁월한 선택을 했지만, 성경의 중심을 잃어버렸다는 데 큰 문제가 있다.

성경의 핵심은 예수 그리스도다. 그러나 유대인들은 성경의 주인공인 예수님을 믿지 않는다. 성경을 예수님 중심으로 보지 않는다. 그들은 예수님 당시에도 그랬지만 지금도 신약의 예수님의 가르침을 무시한다. 그 결과 그들의 성경 해석은 문제가 있다. 성경을 성경으로 해석하지만, 그것이 어려울 때는 장로의 유전으로 해석하면서 그것에 성경과 같은 권위를 둔다. 수많은 랍비들의 해석으로 편집된 미쉬나와 탈무드를 성경 해석의 지침으로 삼고 있다. 예를 들면 안식일 법이 무려 39개나 된다. 그들은 말씀의 영적인 의미를 보지 못하고 문자적인 해석으로 오히려 율법의 울타리를 튼튼하게 쳐서 문제를 더 어렵게 만들었다.

유대인들은 자기들의 명석한 두뇌로 말씀을 풀이했지만 본래의 의미

미국 아리조나 예시바 고등학교 로고

를 파악하지 못하는 해석의 오류를 범하고
말았다. 그 결과 예수님을 죽이는 잘못을
저질렀다. 말씀을 통해 예수 그리스도를
만나지 못하면 말씀은 생명이 아니라 무기
가 된다. 말씀은 인격이다. 말씀이 문자로
서만 존재하면 결국 지식으로 남게 된다.
중심을 잃고 성경을 해석하면 지식은 자랑
할 수 있을지 몰라도 마음은 더 강퍅하게 되고 오히려 자기 교만에 빠지게
된다. 오늘날에도 말씀 교육을 잘못 받으면 유대인과 바리새인과 서기관
과 같은 모습이 될 수 있다.


## 성경의 핵심은 예수님이다

예수님은 유대인들이 지침으로 삼는 랍비보다 훨씬 위대한 랍비다.
예수님의 성경 해석과 가르침은 기존의 유대인 랍비들과는 비교할 수 없
다(마 7:29). 오늘날 유대인 교육이 성경을 중요하게 취급하지만 그들의 해석
은 잘 분별해야 한다. 자칫 잘못된 가르침을 받을 수 있다. 성경을 사랑하
는 것은 결국 예수님을 만나기 위함이다. 성경의 핵심은 예수 그리스도다.
성경은 문자로서 존재하는 것이 아니라 인격적인 그리스도를 만나는 데
그 목적이 있다. 유대인은 성경을 사랑하지만 성경의 핵심에 이르지 못함
으로 주변에 머물고 말았다.

예수님은 산상수훈에서 이런 유대인들의 부족한 토라 해석에 대해 자

세하게 가르쳐 주고 있다. 우리가 성경을 읽고 공부하는 목적은 예수님의 생각과 마음을 닮는 데 있다. 성경 자체보다 성경을 통하여 예수님의 마음을 읽고 주님을 만나는 것이 더 중요하다. 이렇게 되면 누구든지 주님과 같은 인격으로 변화된다. 아무리 성경을 읽고 공부해도 예수님을 만나지 못하면 헛것이다. 성경을 마치 교양서적을 읽는 것처럼 대하면 안된다.

인도에서 추앙받는 간디는 예수님의 산상수훈을 좋아했다. 그는 성경을 지식과 글자로서 이해하고 성경에서 무저항주의를 발견하여 실천하였다. 간디는 지금까지 많은 사람들에게 진한 감동을 주고 있다. 마치 유대인이 말씀을 삶에 적용하여 천재적인 삶을 사는 것과 같이 이해될 수 있다. 문제는 아무리 성경을 읽고 감동과 교훈을 받는다 해도 예수님을 인격적으로 만나지 못하면 의미가 없다. 성경 공부는 예수님을 만나 구원을 받고 주님의 지혜로 온전한 사람이 되는 데 그 목적이 있다. 우리가 지속적으로 성경을 공부하고 읽는 것은 지식을 얻어 자랑하기 위한 것이 아닌 예수님을 만나기 위해서다.

예수님을 만나면 사람은 점차 변화하게 된다. 자녀들이 어릴 때부터 성경을 공부하고 읽는 이유는 성경의 지식을 키우기 위해서가 아니다. 성경을 통해 예수님을 만나 예수님처럼 인격과 삶이 변화되는 데 있다. 성경을 공부하면서 예수님이 점점 선명해지면 올바른 방향으로 가고 있는 것이다. 그러나 예수님보다 성경지식이나 내용에 관심이 더 많아진다면 잘못 가고 있는 것이다. 성경이 성경으로 끝나면 유대인 교육이 된다. 그러나 성경에서 예수님을 만나면 그것은 바로 예수님이 원하시는 교육이 된다. 이것이 유대인 교육과 다른 예즈덤교육이 지향하는 교육의 방향이다.

"오직 이것을 기록함은 너희로 예수께서 하나님의 아들 그리스도이심을 믿게 하려 함이요 또 너희로 믿고 그 이름을 힘입어 생명을 얻게 하려 함이니라."(요한복음 20:21)

사실 성경이 사람을 변화시킨다기보다는 오히려 성경을 통해서 만난 예수 그리스도가 우리를 변화시킨다고 말하는 편이 옳다. 우리를 변화시키는 주체는 예수 그리스도다. 예수 그리스도는 추상적인 지식이 아닌 성경을 통해 우리에게 다가오는 인격적인 사건이요, 삶이다. 성경을 공부하면서 말씀이 육신이 되어 오신 예수님을 만나는 일이 중요하다.

# 가정이 주도하고 교회가 도와주라

## 인성교육은 가정에서

인성교육은 앞에서 언급한 것처럼 가정에서 시작되고 부모가 주체가 되어야 한다. 기본적으로 가정에서 인성교육이 이루어지지 않는 상황에서 학교에서의 인성교육은 힘들다. 학교에서의 인성교육은 가정에서 어느 정도 인성교육이 이루어졌을 때 효과가 있다. 인성을 교육하는 가장 좋은 곳은 가정이며 가장 좋은 교사는 부모다. 인성에 문제가 있는 사람은 대부분 어릴 때 가정에서 부모의 사랑을 받지 못하고 자란 것이 큰 원인이다.

교도소에 들어오는 사람 가운데 계속 반복하여 자기 집처럼 교도소를 오가는 사람들이 있다. 그들은 사회적으로 보면 재활 가능성이 없는 사람들이다. 필자가 10년 동안 수많은 재소자들을 만나 상담하면서 얻은 결론은 가정이 문제라는 것이다. 재소자들은 대부분 어릴 때 가정환경이 안 좋았다. 결국 그것이 그들을 힘들게 만들었다. 가정이 흔들리면서 방황하며 자기 길을 찾지 못하게 되고 반복적으로 죄를 범하게 된다. 인생의 기초를 어릴 때 가정에서 부모를 통해 배워야 하고 사랑을 받아야 하는

유대인 엄마와 함께한 아이들

엄마가 자녀에게 들려주는 성경 이야기

데 그것이 안 되다 보니 문제가 발생하게 된 것이다. 필자는 이들을 대하면서 얼마나 가정이 소중한지를 새삼 느끼게 되었다. 따라서 교육의 회복은 가정에서 시작된다고 말할 수 있다. 가정이 제자리를 찾지 못하면 교육은 더 이상 희망이 없다. 아무리 학교교육이 잘된다 해도 결정적인 순간에 또 문제를 야기할 수밖에 없다.

## 최고의 학교는 가정이다

최초의 학교는 가정이다. 가장 좋은 학교는 가정이다. 물론 최고의 교사도 부모다. 인간을 교육하는 가장 좋은 장소로 가정만 한 곳이 없다. 또 부모만 한 교사가 없다. 지금 교육의 문제는 가정이 학교가 되지 못하고 부모가 교사가 되지 못한 데서 기인한다. 언제부터인지 모르지만 교육의 주도권이 뒤바뀌었다. 교육은 가정에서 시작되어야 하고 가정이 교육의 주체가 되어야 함에도 가정은 어느새 특권을 포기하고 말았다. 가정과 부모는 교육의 주체에서 밀려나게 되었다.

부모는 학교와 학원에 돈을 공급하는 사람이 되었다. 오늘도 부모들은 열심히 돈을 벌어서 대부분을 학원에 바친다. 한국의 교육은 공교육보다 사교육이 이끌어 간다고 해도 틀린 말이 아니다. 2008년도 기준으로 볼 때 가정에서 교육비 지출은 15조 339억 원이다. 전체 가계 소비지출에서 교육비 비중이 6.2%이다. 경기가 어려워도 교육비는 증가 추세를 보이고 있다. 우리나라 사교육비 시장 규모는 30조 원 이상이다. 전국의 입시, 보습학원의 수는 3만 2,400여 개다. 반면에 전국의 초·중·고등학교의 수는 1만 1,100여 개이다. 학원 수가 학교 수보다 3배나 많다. 이것은 오늘 우리 교육의 현주소가 어떤지 잘 말해 준다.

학교나 학원은 어디까지나 교육의 보조다. 이것을 안다면 학교와 학원은 나름대로 좋은 역할을 할 수 있다. 교육은 가정에서 이루어지도록 하는 것이 바람직하다. 아무리 훌륭한 교사라 할지라도 부모만 한 교사는 없다. 학교 교사는 자기가 전공한 분야에서는 탁월할 수 있다. 그러나 인격과 삶을 가르치는 것은 한계가 있다.


## 부모는 위대하다


"어떻게 하면 우리 자녀를 세계적인 인물로 키울 수 있을까?" 방법은 가정에서 부모가 자녀를 잘 키워야 한다. 부모를 통해서 자녀가 자라야 한다. 그것은 하나님이 부모에게 맡긴 의무요 사명이다. 만약 부모가 아이를 낳고 기르는 수고를 그만둔다면 인류는 그 순간 멸망하고 말것이다.

부모가 자녀를 낳아 키우는 일은 어떤 일보다 위대한 일이요, 가치 있는 일이다. 오늘날 우리나라의 저출산 문제는 심각한 수준에 와 있다. 이것은 그동안 나라가 부모의 가치를 대수롭지 않게 생각했기 때문이다. 부모 되는 것의 소중함을 제대로 교육하지 못한 결과다.

아무리 살기 힘들어도 자녀를 낳아서 기르는 일은 우선순위에서 밀려나면 안된다. 지금이라도 국가가 부모의 가치를 높여 주고 자녀를 양육하는 일을 국가가 도와주고 적극적으로 책임지는 자세가 필요하다. 그것은 국가가 해야 할 가장 중요한 일이다. 가정에서 자녀만 키우는 어머니가 대우를 받지 못하는 사회적 분위기는 문제가 있다. 하나님이 자기에게 맡겨 주신 자녀를 잘 키우면 그것이 곧 사회에 기여하고 나라를 부강하게 만드는 길이다.

어머니가 되는 것 자체만으로도 이미 위대한 일을 한 것이다. 이 세상에 생명을 낳고 잘 키우는 일보다 위대한 일은 없다. 아무리 힘들어도 결혼하지 않거나 자녀를 낳지 않는 풍조가 확산되면 안된다. 이것은 이미 인성교육에 많은 문제가 있음을 의미한다. 우리는 부모님이 나를 낳아서 기른 것 하나만으로도 어머니의 위대성에 박수를 보내야 하고, 부모님 말씀에 순종하고 경외해야 할 충분한 이유가 있다.


## 최고의 교사는 부모다

자녀를 잘 키운다는 것은 무엇일까? 그것은 돈을 많이 벌어서 자녀를 학원이나 학교에 맡긴다는 의미가 아니다. 부모가 스스로 양육하고 키운

회당에서 이루어지는 어머니 학교                    회당에서 교육받는 어머니와 할머니들

다는 뜻이다. 부모는 자녀와 시간을 많이 갖고 충분한 대화를 나누는 것이 우선이다. 자녀는 부모의 사랑을 받고 자란다. 특히 어릴 때일수록 부모의 사랑은 중요하다.

　　그런데 대부분 부모들이 자기 자녀를 키우는 방법을 잘 모른다. 그러니 잘 키우고 싶어도 키울 수가 없다. 오늘날 자녀교육의 문제는 부모들이 자녀를 양육하는 교육을 제대로 받지 않은 데 근본 원인이 있다. 지금이라도 국가와 교회적으로 부모교육이 절대 필요하다. 부모는 자녀를 키우는 방법을 공부하고 훈련을 받아야 한다. 자녀교육은 너무나 중요한 일이요, 한 나라의 운명을 결정하는 요소다. 하지만 부모를 교육하는 국가 교육 시스템이 없다. 부모가 개별적으로 할 수밖에 없다. 그러나 부모는 자녀교육에 대한 노하우를 가지고 있지 않다. 자연히 자녀교육에 많은 시행착오를 겪게 된다. 다른 사람이 하는 것을 따라 할 수밖에 없다.

　　이제는 부모교육을 전 국가적으로 시행해야 한다. 나라가 앞장서서 부모교육을 무료로 시행하는 정책이 필요하다. 여기에 과감한 투자를 해야 한다. 가정에 나라의 미래가 달려 있기 때문이다. 부모교육은 특히 결혼한 부부와 결혼을 준비하는 사람에게 꼭 필요하다. 이런 부모학교가 국

예루살렘 성전 앞에서 유대인 아버지와 아들

가적으로 세워져야 하는데 현재는 그것이 거의 없다.

정말 중요한 것은 자녀가 아닌 부모다. 그런데 지금 우리는 부모를 교육하는 학교나 교육 시스템이 없다. 단기적이 아닌 정기적인 프로그램이 개설되고 부모들이 학교에 입학하는 교육 시스템이 필요하다. 우리는 그동안 부모의 역할에 대해 학교에서도 배운 적이 없다. 입시 과목에만 집중했지 자녀를 어떻게 양육해야 하는지에 대한 교육을 그동안 받지 못했다. 이것은 전통적으로 가정에 맡겨져 왔다. 자녀를 키우는 방법을 자기 부모로부터 전수받았다. 그러나 이제는 가정이 그 역할을 하지 못함으로써 부모교육을 받을 기회가 사라지고 말았다.

지금이라도 국가적으로 이런 평생 교육 시스템이 필요하다. 나라가 앞장서서 이런 교육제도를 만들어 각 가정에 지침과 교육자료를 제공하고 부모를 지속적으로 교육을 시킨다면 얼마나 좋을까. 놀이방을 많이 만들고 맞벌이 부부를 돕는 지원 프로그램이 생겨나는 것은 다행스러운 일이다. 그러나 그것은 본질적인 것이 아니다. 오히려 자녀교육수당을 주어서 적어도 가장 중요한 1~3살 때만이라도 어머니가 자녀를 교육할 수 있는 시스템을 만들어 자녀와 시간을 갖도록 도와주는 일이 더 시급하다. 여기서부터 교육이 출발한다면 우리나라에서도 세계적인 인물이 나올 수 있다. 세계를 이끄는 위대한 리더는 건강한 가정에서 만들어진다.

가정과 부모를 살리는 일에 나라가 앞장선다면 머지않아 우리의 교육은 많이 달라질 것이다. 아직도 가장 근본적인 것을 해결하지 못하니까 사교육 등 부수적인 문제가 점점 더 복잡해지는 것이다. 가정이 교육의 주체가 되지 못하면 지금 우리들이 겪는 교육의 혼란은 근본적으로 해결될 수 없다. 아무리 좋은 교육정책이라도 가정을 살리지 않으면 또 다른 문제를 낳는다.

## 교육의 주인을 찾아라

유대인 교육이 우수한 점은 교육의 주체가 학교가 아닌 가정에, 교사가 아닌 부모에게 있기 때문이다. 유대인은 교육의 중심을 철저히 가정과 부모에 두고 있다. 우리와는 정반대다. 유대인들은 이 원리를 잘 실천했기에 지금까지 세계적인 인물을 가장 많이 배출하는 민족이 되었다. 그들에게는 가정이 회당보다 우선이다. 가정이 학교보다 우선이다. 교사보다 부모가 우선이다. 그러나 우리는 학교가 오히려 가정을 죽이고 부모는 자기 사명을 포기하기에 이르렀다.

조지 허버트는 "훌륭한 어머니는 백 명의 교사보다 가치 있다"고 말했다. 가정에서 특히 어머니의 역할은 지대하다. 어머니에 의해 가정교육은 결정된다고 해도 과언이 아니다. 유대인은 아버지가 아닌 어머니를 기준으로 유대인을 결정한다. 유대인은 가정의 정체성을 어머니에게서 찾는다. 만약 아버지가 다른 나라 사람이라도 어머니가 유대인이면 그는 유

이스라엘 가정집에 단 국기들

대인이다. 이것은 얼마나 유대인이 어머니를 중요하게 생각하는지를 보여주는 대목이다.

　이스라엘의 주택가에서 얼마 동안 지낸 적이 있었다. 그곳에서 아주 인상 깊었던 것은, 대부분 집마다 이스라엘 국기가 걸려 있는 모습이었다. 그것도 하나가 아닌 여러 개의 국기가 만국기처럼 집을 감싸고 있는 모습에 놀랐다. 우리는 국경일에만 국기를 걸지만 그들은 평상시에도 국기를 걸었다. 얼마나 하나님과 나라를 사랑하는가, 얼마나 유대인으로서 자부심을 가지고 있는가를 충분히 느낄 수 있었다. 또 모든 집의 대문마다 '메주자'(말씀 상자)가 붙어 있다. 하나님의 말씀으로 가정을 세우는 모습이 인상적이었다.

　또 주변에 학원 간판을 전혀 볼 수 없는 것도 특이했다. 우리나라에는

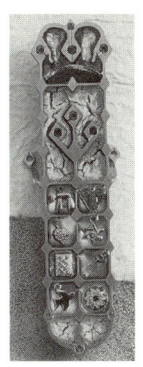

현관 문설주에 부착한 메주자        메주자

대문과 현관 입구에 부착한 메주자

주택가에 어김없이 학원 간판들이 즐비하다. 가정에 있어야 할 우리 자녀들은 학교가 끝나면 모두 학원으로 몰려간다. 그리고 밤늦은 시각 학원 앞에는 자녀들을 기다리는 부모들의 자동차들로 붐빈다. 유대인들이 볼 때는 정말 이상한 모습일 테지만 우리에게는 평범한 일상의 모습이다. 이것은 지금 우리 가정의 현주소가 어디인지를 그대로 보여준다.

유대인 교육 이외에 관심을 받는 현대 교육의 모델이 있다면 핀란드 교육이다. 핀란드는 학생 개개인의 강점을 살려 주면서 맞춤식 교육을 한다든지, 또 석사 이상의 양질의 교사를 통하여 질 좋은 교육을 한다든지, 대학까지 학비를 나라가 책임지면서 교육비에 대한 부담을 덜어 주는 등 좋은 점이 많이 있다.

그러나 학교교육은 긍정적인 면이 있지만 가정교육은 부정적인 점이 많다. 학교에서 학업 성취도는 좋지만 가정교육은 상대적으로 부족한 편이다. 그것은 자녀교육을 너무 학교에만 의지하고 있기 때문이다. 많은 교사들이 결핍된 가정교육까지 떠맡아야 하는 실정이다. 이렇다 보니 핀란드에는 자녀교육에 무관심한 부모들이 생각보다 많다. 특히 이 나라의 심각한 사회문제인 알콜 중독이나 마약 문제가 가정을 위협하고 있다. 이것은 그대로 자녀교육에 영향을 미치고 있다. 더구나 과거에는 전 국민이 거의 크리스천이었던 적이 있었지만 지금은 신앙을 거의 잃어버려 영적으로는 매우 약한 상태이다. 그 결과 지금의 핀란드는 전 국민의 50%가 1인 가정이고, 많은 국민들이 조울증과 알콜 중독에 시달리고 있다.

핀란드 교육에 환상을 가지고 무조건 도입하기에 앞서 가정이 무너지면 어떤 결과를 가져오는지 반면교사로 삼아야 할 것이다. 이런 점에서 보면 유대인의 가정을 중심한 교육 시스템은 학교 시스템을 중심한 핀란드 교육을 넘어선다고 볼 수 있다.

이제 우리도 하루 빨리 가정과 부모가 교육의 주체가 되는 방법을 모색해야 할 때가 왔다. 오죽하면 정부에서 학원의 밤 수업을 강제적으로 금지해야 한다는 주장이 나왔을까? 지금이라도 가정을 살려야 교육의 미래가 있고 자녀를 세계적인 인물로 키울 수 있다. 위대한 인물들은 한결같이 가정에서 기초를 다졌음을 기억하라. 부모만 한 선생이 없다. 그런데 우리는 부모들의 가장 큰 특권인 교사 자리를 내주고 말았다. 그리고 자녀교육을 학교와 학원에 맡겨 버렸다.

우리의 교육이 실종된 가장 큰 이유는 가정이 먹고 자는 장소로, 부모가 먹고 입는 것을 해결해 주는 물질적인 보호자로만 전락하고 말았다는 점이다. 부모가 교육의 주체로 나서고 가정이 교육의 주도적인 장소가 되면 모든 문제는 서서히 풀릴 것이다. 최고 교사는 부모다. 최고의 학교는 가정이다. 어느 순간부터 우리들의 최고 교사는 강남의 쪽집게 과외교사가 되었고 최고의 학교는 특목고가 되었다. 부모들이 생활고에 시달리거나 사교육비를 대는 일에 전념하다 보니 교육의 특권을 포기하고 말았다. 국가가 제도적으로 해결을 해야겠지만 조금 부족하더라도 부모가 자녀를 교육하는 자세가 필요하다.

이렇게 하려면 일차적으로 부모들의 발상전환이 중요하다. 예를 들면 학교와 학원에서는 교사들이 국어, 영어, 수학, 과학 등의 과목을 가르치고 가정에서는 부모들이 인성을 가르치면 된다. 이것은 모든 부모들이 담당해야 할 자녀 교육의 중요한 의무이다. 누가 대신할 수 없는 부모의 책임이다.


## 지금이라도 시작하라

지금도 늦지 않았다. 부모가 자녀의 인성교육을 담당하자. 유대인처럼 자기 자녀에게 인성을 가르치는 방법이 계속 대를 이어 전수된다면 우리도 언젠가는 정착이 될 것이다. 다음 세대와 가문을 생각한다면 지금부터라도 시작을 해야 할 것이다. 만약 자녀에게 기회를 놓쳤다면 손자에게라도 시행해야 할 것이다. 이렇게 하다 보면 언젠가는 우리 가정에도 정착되어 자손 대대로 자녀교육이 이어지게 될 것이다.

삼대가 토라에 둘러서 있는 단란한 유대인 가정

학교 공부가 부족하다면 가정에서 하는 인성교육으로 부족한 것을 충분히 만회할 수 있고 뛰어난 자녀를 만들 수 있다. 영어, 수학, 과학, 국어 등의 교육은 당장에 효과가 있지만 시간이 지나면 힘이 사라진다. 그러나 인성교육은 당장은 효과가 없는 것 같지만 오히려 학교를 졸업한 후에도 힘을 발휘하여 평생을 지켜주는 영원한 힘이 된다.

인성교육은 자녀의 미래를 위한 가장 큰 투자다. 부모가 이 일을 하지 않으면 자녀는 영영 배울 수 있는 기회가 없다. 그러나 부모를 통해 자녀가 인성을 잘 배우면 그가 앞으로 장성하여 자녀를 낳을 때는 더 잘할 것이다. 이렇게 하면 가정이 살아나고 언젠가 우리 가문에서도 세계적 인물이 세워질 것이다. 부모가 아침과 저녁, 잠잘 때, 주말만이라도 시간을 투자하여 가장 중요한 인성교육을 시작해 보자.

나의 가정에는 가정안식의 날이 있다. 매 주일 저녁을 가정 안식의 날로 지키고 있다. 저녁 식사를 온 가족이 함께 하고 후식을 들면서 성경을 공부하고 있다. 인성에 대한 교과서로 성경을 사용하고 있다. 물론 이때 공부는 주입식이 아닌 이야기와 대화식으로 한다. 이때 성경을 교과서로 삼아 인생에 대한 자기의 생각과 의견을 말하고 궁금한 것을 묻고 질문도 한다. 그리고 각자 기도제목을 내놓고 가족을 위하여 서로 기도하고 축복해 준다. 총 1시간에서 2시간 정도가 걸린다. 이렇게 되면 자연히 가족 간에 대화가 되고 서로의 문제점을 알 수 있고 자연스럽게 자녀들의 상담을 하게 된다. 따로 시간을 내어서 할 수 없는 것들이 이 시간을 통해 해결된다. 가족회의 시간이 되기도 하고 서로를 위해 기도하며 이해하는 시간이 되면서 가정의 화목이 자연스럽게 이루어진다. 모든 것이 통합적으로 이루어지는 가정 안식의 날은 마음만 먹으면 누구나 적용할 수 있다.

## 가정을 돕는 교회

가정을 바르게 세우고 싶어도 여러 가지 이유로 실천 못하는 가정이 점차 많아지고 있다. 현대가 물질적인 사회가 됨으로서 가정의 위기는 더욱 심각해지고 있다. 가정이 안정되지 못하고 부모가 자기 역할을 잘 감당하지 못할 때 이에 대한 대책은 무엇일까?

스스로 가정을 세우기 힘든 경우에는 교회가 나서서 가정을 회복하고 부모를 세우는 일을 해야 한다. 교회는 또 다른 영적 가정이다. 교회는 파괴된 가정과 어려운 가정을 돌보아야 한다. 무엇보다도 교육으로 도와준다면 자녀들은 어려움 가운데서도 잘 자라게 될 것이다. 기본적으로 가정에서 부모가 자녀교육을 감당해야 하지만 그것이 힘들 때는 교회가 나서서 부모 역할을 하고 교육적으로 도와주어야 한다. 우리 주위에는 불우하고 소외된 가정들이 너무나 많이 있다. 자기 힘으로 일어설 수 없는 가정과 자녀들을 말씀으로 구원하는 사명이 교회에 있다. 이런 면에서 교회의 역할은 매우 중요하다.

예수님은 세상에 오셔서 주로 가난하고 소외되고 병든 자들과 가까이 하셨다. 그들의 아픔을 불쌍히 여기면서 구원해 주셨다. 복음서를 보면 이런 주님의 모습을 자주 발견하게 된다.

오늘 주님이 오셔서 교육을 한다면 아마 이런 어려운 가정들을 돌보는 일을 먼저 하셨을 것이다. 부모 중 한쪽이 없는 결손 가정들이 많다. 설사 부모가 다 있다 해도 제대로 자녀를 돌볼 수 없는 가정들이 있다. 이런 가정들을 찾아 돌보는 일은 교회가 해야 할 마땅한 일이다. 만약 교회가 주변에 그런 가정들을 찾아서 자녀들을 교육하는 일을 한다면 주님이 하시고자 하는 일을 대신하는 것이다. 그런 가정과 자녀들을 잘 세운다면 하나님은 연약한 그들을 더 크게 사용할 수 있다. 그들을 영적 자녀로 보면서 부모의 심정을 가지고 잘 키운다면 그들도 미래의 지도자가 될 수 있다.

사실 가정과 부모에게만 자녀교육을 맡겨둘 수 없다. 왜냐하면 부모 혼자의 힘으로는 한계가 있기 때문이다. 교회를 통해서 부모가 훈련되지 않으면 자녀를 올바르게 키울 수 없다. 교회가 부모들만 잘 훈련하고 세워 가정을 교회의 모습으로 만들어 간다면 그 교회는 저절로 부흥이 일어날 것이다. 오늘날 우리 교회가 이런 교회 부흥을 꿈꾸면 어떨까 생각해 본다. 교회가 부모들을 제자로 삼고, 다시 부모가 자녀들을 제자로 삼는 일이 일어난다면 하나님의 나라는 더욱 확장될 것이다.

## 탁월한 성경 교사들을 키워 파송하라

유대인 교육의 우수성은 가정과 부모에게 일차적 원인이 있지만, 부족한 부분은 회당에서 랍비들이 적절하게 채워 주는 데 특징이 있다. 가정과 회당, 부모와 랍비가 함께 하는 교육 시스템이 잘 연계되어 있다. 성경을 깊게 공부하거나 학문을 도와주는 것은 회당의 랍비가 책임을 진다. 물론 예시바와 같은 유대인 학교가 그 역할을 잘 감당하고 있다. 훌륭한 랍비들이 유대인 사회에는 많이 있다. 그들은 가장 존경을 받는 사람들로 유대인 교육을 책임지는 교사들이다. 든든한 교육적 후원자인 셈이다. 유대인 사회는 정치가나 관리가 아닌 랍비가 이끌어 갈 정도로 그 영향력은 대단하다.

이것을 우리에게 적용하면 교회가 유대인 회당과 같은 역할을 할 수 있다. 예를 들면 교회학교가 예시바와 같은 역할을 할 수 있다. 물론 경제력과 인적 자원이 풍부한 대형 교회는 교회학교 시스템이 잘 되어 있어서 이런 기능을 할 수 있지만 중소형 교회들은 어렵다. 이런 경우는 교회들이 연합하여 예시바와 같은 교회학교 시스템을 만들 수 있다. 가능하면 대형 교회들이 이런 학교들을 만들어서 주변 교회들에게 개방하고 교육을 도와준다면 좋을 것이다.

그런데 교회가 이런 비전을 갖지 못하다 보니 교육 시스템이 개교회에 머무르게 되고 본질적인 교육의 사명을 잘 감당하지 못하고 있다. 이 것조차도 개교회의 부흥을 위해 활용하다 보니 별 호응을 받지 못하고 있는 실정이다. 인식전환을 한 교회들이 먼저 시작하여 지역적으로 이런 학교들을 만들어서 부족한 가정교육을 돕는다면 우리도 예시바와 같은 교육이 가능하리라 본다. 대 사회적으로 볼 때도 교회가 상생하면서 협력하는 아름다운 모습을 보여줌으로써 교회의 이미지 회복에도 큰 도움이 될 수 있다.

이런 일을 이루기 위해서는 랍비와 같은 성경 전문 교사들을 많이 훈련하여 자녀들의 교육을 담당하게 하는 것이 필요하다. 물론 여기서 성경 전문 교사들은 성경뿐 아니라 다른 학문과 인격을 함께 겸비한 교사들이어야 한다. 나이가 든 후에도 계속 교사직을 감당하도록 제도적 장치가 이루어지고 그런 경륜 있는 성경 교사들을 통해 자녀와 다음 세대들이, 그리고 부모들이 훈련된다면 한국교회는 희망이 있을 것이다. 가능하면 경험 많은 교회 원로들이 앞장서서 이 역할을 감당하면 좋을 것이다.

탁월한 랍비와 같은 교사들을 만들어 내지 못하면 자녀와 다음 세대 교육은 힘들다. 오늘날 우리의 문제는 이런 랍비와 같은 성경 교사를 제대로 훈련해 내지 못한 데 그 원인이 있다. 목회자가 이것을 감당할 수 있지만 한계가 있다. 현재 신학생들이 많이 배출되는데, 이런 사명을 가진 랍비들을 성경학교나 신학교가 훈련해 내어 교회에서 사역하도록 하고 다음 세대를 책임지게 한다면 좋은 대안이 될 수 있을 것이다.

## 로유바디 교육법

현실적으로 자녀가 13세 이후가 되면 부모가 그들을 교육하는 데 많은 한계가 있다. 대부분 부모들은 성경을 가르칠 수 있는 훈련이 잘 안되어 있기에 자녀가 십대가 되면 그들을 다룰 만한 힘이 없다. 자녀를 말씀으로 양육하고자 하는 마음은 있지만 실제로 할 수 있는 부모는 많지 않다.현재 이것이 가정에서 부모들이 자녀를 가르치지 못하는 주된 요인이다.

그렇다면 한 가지 보완적인 방법은 교회가 이것을 도와주는 것이다. 바울과 같은 탁월한 성경 교사들을 세워 아굴라와 브리스길라와 디모데와 같은 사람을 훈련하는 일을 할 수 있다. 디모데는 삼 대에 걸쳐 신앙 훈련을 받은 사람이다. 그는 외조모 로이스와 어머니 유니게를 통해 성경교육을 잘 받았다. 그런 디모데를 바울이 위탁받아 훈련하여 바울의 영적 아들로 키워 다음 세대를 잇게 했다. 바울은 디모데를 영적 아들로 생각하면서 부모가 자녀에게 훈련하듯이 말씀으로 키웠다.

기독대안학교에서 성경을 가르치는 학생들과 함께한 필자

오늘 우리에게도 '로이스—유니게—바울—디모데'로 이어지는 성경 교육이 필요하다. 이것을 필자는 앞 글자를 따서 '로유바디 교육법'이라고 부르고 있다. 가정에서 이루어지는 삼 대에 걸친 성경교육과 교회에서 파송한 바울과 같은 탁월한 성경 교사를 통한 전문교육이 함께 어우러진다면 좋은 리더가 만들어질 것이다. 예수님도 이미 가정교육을 마친 성인 된 제자들을 3년 동안 말씀으로 훈련하여 열방과 다음 세대를 책임지는 지도자로 만들어 냈다.

가정만으로는 안 된다. 교회가 이 일에 적극 나서서 자녀들을 책임지고 양육하고 다음 세대 지도자로 키우는 일에 앞장서야 할 것이다. 한국 교회에 이런 교육운동이 일어나기를 간절히 소원한다. 성경 과외를 할 수 있는 교육 시스템이 이루어져야 한다. 각 교회마다 자녀들에게 성경 과외를 할 수 있는 학교와 교사들을 세우고 그들을 소외된 가정에 파송하여 하나님의 선교를 이루면 얼마나 좋을까? 그것이 주님이 꿈꾸던 자녀교육이라 본다. 내 가정의 자녀만이 아니라 모든 족속을 영적 자녀로 보고 제자로 삼는 일이 번져 나가야 할 것이다.

우리나라도 이제는 다민족사회가 되었다. 우리 사회에 타민족이 100만 명이 이상이 되고, 앞으로 더 많아지게 될 것이다. 이들에게 복음을 전하고 이들의 가정을 주님의 제자로 삼는 일에 힘쓴다면 주님이 원하는 열방을 향한 자녀교육이 될 것이다.

예수님은 혈통적인 가족만이 내 가족이 아니라 하나님의 말씀을 듣고 행하는 사람들이 내 모친이요 동생이라고 하셨다(눅 8:21). 그렇다면 예수님이 원하는 자녀교육은 내 자녀뿐 아니라 모두를 하나님의 뜻대로 행하는 자녀들로 만드는 것이다. 유대인 교육은 자기 민족에게만 행하는 교육이지만 우리들은 모든 족속, 다른 가족들까지도 하나님의 가족으로 생각하고 그들의 자녀를 양육하는 데까지 나아가야 할 것이다. 이것이 오늘날 교회가 실천해야 할 주님이 주신 사명이 아닐까? 예즈덤교육을 통해 이런 사명을 감당할 수 있기를 소원한다.

# 일찍 교육하라

## 어릴 때는 백지와 같다

평생을 괴롭히는 인간의 나쁜 습관과 태도와 성품들은 대부분 후천적인 것이다. 물론 인간은 아담의 악한 속성을 어머니 뱃속에서부터 갖고 태어난다. 예를 들면 자기만 생각하는 이기적인 속성은 아이에게도 그대로 있다. 어른들과 비교하면 아이들이 천진하지만 기본적인 인간의 속성은 같다. 철저히 자기 중심적인 모습은 인간이 태어날 때부터 가지고 있다. 어린이일수록 모든 가족들이 자기를 예뻐해 주지 않으면 막무가내로 고집을 부린다. 누가 특별히 가르쳐 주지 않았는데도 나타나는 본질적인 인간의 속성이다.

어린 시절은 여러 면에서 중요하다. 평생을 결정짓는 감정과 정서와 선과 악을 분별하는 능력과 죄악의 싹이 트기 시작하는 것은 유년기다. 아이는 있는 그대로 받아들인다. 지각능력이 없기에 듣는 대로, 보이는 대로 받아들이고 저장한다. 잘 지도를 받지 못하면 악한 정보와 생각들이 머리와 마음속에 그대로 저장된다. 유년기 시절은 백지와 같은 상태다.

주는 대로 받고 보는 대로 생각하고 듣는 대로 기억한다. 이때는 흡수력이 대단하다. 빠르게 새로운 내용을 입력한다. 그리고 평생 기억한다.

기도문을 읽는 아이

유년기의 경험은 어른이 되어도 영향을 미친다. 어릴 때 경험은 평생 사라지지 않는다. 무의식 속에 자리 잡아 우리를 지배한다. 처음으로 맛본 음식, 처음으로 본 소리, 처음으로 들은 좋은 이야기 혹은 나쁜 이야기, 처음으로 맛본 실패와 성공 등은 인생 전체를 채색한다. 평생 인간의 행복을 결정할 인격, 의지, 지성, 습관, 재능 등이 유년기에 발달된다. 이때 무엇을 보고 무엇을 듣고 무엇을 느끼는가 하는 것은 인생 전체에 중요한 가치 기준이 된다. 무엇이든지 처음이 중요하다. 교육도 처음에 무엇을 마음에 담느냐가 미래를 결정한다.

## 조기 교육이 좋은 이유

우리가 교육을 일찍 해야 하는 이유는 뇌의 구조 측면에서 보면 쉽게 이해가 된다. 1~4세의 뇌는 5세 이상의 아이들과 다르게 사물을 인식한다. 갓 태어난 아이는 사람의 얼굴을 정확하게 구분하지 못한다. 3~4개월이 지나야 부모와 다른 사람의 얼굴을 구분한다. 이때는 얼굴의 특징을 가지고 기억하는 것이 아니라 반복적인 관찰을 통해 패턴으로 엄마와 가족의 얼굴을 기억한다. 직감으로 전체를 식별하는 능력이 있다. 어린이는 부분보다는 전체에 익숙하다. 그래서 4세 이전에는 같은 것을 반복해서 보아도 싫증을 내지 않는다. 이때 아이의 대뇌는 백지 상태와 같아서 외부 정보를 그대로 흡수한다. 정확한 정보를 주지 못하면 분별력을 상실한다. 그때부터 성격과 소질이 결정된다. 4세 이전의 환경과 교육의 영향은 아이의 성격과 소질을 결정하는 중요한 요인이 된다.

특히 어릴 때 교육이 좋은 이유는 아이의 잠재력이 시간이 지날수록 줄어들기 때문이다. 예를 들면 아이가 태어날 때 잠재력이 100이라면 그이후 적절한 교육을 받으면 100의 수준의 사람이 되지만, 다섯 살이 되어서 교육을 시작하면 아무리 열심히 한다 해도 80의 수준밖에는 안 된다. 10살이 될 때는 60의 수준으로 떨어진다. 이것을 아동 잠재력 체감의 법칙이라고 한다. 언어를 배우는 시기는 어릴수록 좋다. 아무리 잠재력이 뛰어나다 해도 교육을 받지 않고 그냥 방치하면 점차 수치가 떨어져 10세는 60, 15세 때는 40으로 떨어진다. 가장 좋은 것은 태어날 때부터 교육을 하는 것이다.

지금으로부터 200년 전에 칼 비테라는 목사님이 있었다. 그는 자녀를 낳은 지 15일부터 조기에 언어를 가르쳤다. 그는 인류의 모든 성과는 말씀으로 시작되었다고 생각하면서 언어의 위대한 힘을 자기 자녀에게 적용했다. 아이들의 능력을 마음껏 발휘하기 위해서는 언어를 일찍 가르쳐야 한다고 생각해서 낳은 지 15일 후부터 부부가 "손가락," "손가락" 하면서 언어를 가르쳤다. 대신 '맘마' 같은 부정확한 언어가 아닌 어른들이 사용하는 정확한 표준언어를 사용했고 정확한 발음을 가르쳤다. 당시는 특별한 언어교재가 개발된 상황이 아니었기에 칼 비테는 주변의 물체와 자연을 이용하여 단어의 발음과 의미를 재미있게 가르쳤다. 예를 들면 식탁의 식기, 방 안의 물건들, 정원의 꽃과 곤충들을 직접 보면서 단어를 배우게 했다. 때로는 밖으로 나가 거리에서 산과 들에서 모든 사물을 만지고 보면서 단어를 가르쳤다. 나무, 새, 잔디, 집, 마차, 화초, 행인, 개미, 자동차 등 이루 말할 수 없는 단어들이 교육의 자료였다. 점차 수준을 높여 책을 읽어 주고 동요를 불러 주면서 단어를 가르쳤는데, 여섯 살 때 무려 삼만 단어 이상을 구사하게 되었다.

모국어가 어느 정도 되었다고 생각한 6세부터는 외국어를 가르치기 시작했고, 8세가 되었을 때 6개국어를 자유자재로 구사할 수 있었다. 그 결과 13세에 철학박사가 되었고 16세에 법학박사 학위를 받았다. 평범한 아이였지만 어릴 때부터 확실하게 언어의 기초를 다지자 어느 날 천재가 되는 것을 칼 비테는 직접 자기 아이를 통해 증명해 냈다.

칼 비테의 교육법은 후대에 프뢰벨과 몬테소리에 영향을 미쳐 유아교육의 기초를 다진 선구자가 되었다. 조기에 교육하는 것이 얼마나 중요한지를 보여주는 사례다. 어릴 때 교육을 잘하면 누구든지 훌륭한 사람으로 자랄 수 있다. 그러나 많은 사람들이 어릴 때 중요성을 잘 모르고 시간을 그냥 보내는 경우가 허다하다. 나중에 교육을 하려면 몇 배가 더 힘들다는 것을 자녀를 양육해 본 부모들은 모두가 공감한다.

## 자녀에게 집중하라

자녀를 양육할 때 0~5세까지 기간은 매우 중요하다. 이 기간에는 자녀에게 집중해야 한다. 물론 부모는 자녀 양육 이외도 여러 가지 해야 할 일이 많다. 그러나 다른 일이 아무리 바빠도 5세 이전까지는 가능한 자녀와 시간을 많이 갖는 것이 필요하다. 이때는 한 번 지나가면 다시 되돌릴 수 없는 귀중한 시간이고 이때가 거의 평생을 결정한다. 자녀를 교육할 수 있는 최적의 시기는 태어난 후 3~4년 동안이다. 부모는 0~5세까지 자녀의 교육에 제일 관심을 가져야 한다.

자녀의 머리에 손을 얹고
축복기도하는 아버지

그러나 많은 사람들이 중요한 이 시기를 대수롭지 않게 보낸다. 설사 어려운 생활 형편 때문에 아이와 함께 있는 시간을 갖기 어렵더라도 가능한 자녀에게 시간을 투자하는 데 지혜를 모아야 한다. 자녀에게 0~5세의 기간은 다시 찾을 수 없는, 부모가 교육할 수 있는 유일한 최적의 시기이다.

안식일 초 위에 손을 대고
기도하는 유대인 아이

# 빠르면 빠를수록 좋다

잠언 22장 6절에 보면 "마땅히 행할 길을 아이에게 가르치라. 그리하면 늙어도 그것을 떠나지 아니하니라"는 말씀이 나온다.

이것은 어릴 때 가르치면 그 당시에는 이해가 힘들지라도 나이가 들면 놀라운 힘을 발휘한다는 뜻이다. 조기 교육의 중요성을 말해 주는 성경의 내용이다.

모든 사람들이 조기 교육의 중요성을 잘 알고 있어도 막상 실천하는 사람들은 많지 않다. 상황과 여건이 여의치 않다 보면 이 시기를 무심코 지나치게 된다. 또 일상생활이 바쁘다 보면 자녀의 조기 교육 시간을 놓칠 수 있다. 그러나 기억하라. 아이에게는 두 번 다시 올 수 없는 기회이다. 부모들의 무관심으로 좋은 교육의 시기를 놓치면 안된다. 교육은 늦게 하면 할수록 더 힘들다. 아무리 힘들어도 출생에서 4세까지는 가능한 부모에게 교육을 받게 하는 것이 좋다.

유대인은 4세 이전에는 가정에서 교육을 한다. 그러나 4세 이후에 회당에 데려가 토라를 가르친다. 모든 유대인들은 4세가 되면 의무적으로 회당에서 교육을 한다. 물론 4세 이후에도 가정에서 교육을 함께 시행한다. 우리도 4세까지는 가정에서 부모를 중심으로 교육할 수 있는 교육 시스템이 국가적으로 정착된다면 얼마나 좋을까?

만약 자녀를 조기에 교육할 수 있는 여건이 안 된다면 국가나 사회단체, 기업, 교회가 앞장서서 이 일을 대신해 주는 것도 좋은 방법이다. 놀이

정통 유대인 마을의 유대인 자녀들　　　　　유아학교에서 랍비와 함께한 어린이들

방이나 어린이방 시스템을 갖추어 모든 국민이 어릴 때부터 교육을 받을 수 있도록 하는 것이 필요하다. 가능하다면 직장 내에서 탁아소를 운영하면 좋을 것이다. 이보다 더 좋은 투자는 없다. 여기서 놀이방은 가능한 부모와 함께하는 측면을 강조한 것이다. 잘못하면 부모를 대신하는 놀이방은 고아원과 비슷한 모습이 될 수 있으므로 이 점을 잘 고려해야 한다. 할 수만 있으면 부모와 함께 하는 시간을 많이 가지는 것이 좋다. 왜냐하면 아무리 훌륭한 교사라 할지라도 부모만 한 교사는 없기 때문이다.

# 사랑의 사람으로 키워라

## 교육의 목표는 사랑이다

왜 사람에게 교육이 필요한가? 그것은 사랑의 사람이 되기 위해서다. 사랑은 교육의 최종 목표다. 사랑이 빠진 교육은 죽은 교육이다. 사랑을 목표로 삼지 않는다면 그 교육은 의미가 없다. 인간은 본래 자기만을 사랑하는 이기적인 존재다. 사람을 교육하지 않고 그대로 두면 악한 존재가 된다. 자기만 아는 고집쟁이가 된다. 인간이 누구이며 어떻게 사는 것이 바람직한 것인지를 알게 하기 위해서는 교육이 꼭 필요하다. 교육을 통해 우리는 사랑하는 사람이 되도록 훈련받는다. 성공도 사랑에 근거할 때 진정한 성공이 된다.

교육이 너무 물질과 실용성만을 강조하다 보면 가장 중요한 사랑을 제외시키기 쉽다. 모든 수단과 방법을 동원하여 승리와 성공만을 추구하는 교육은 인간을 불행하게 만든다. 우리의 교육을 보면 이런 측면이 강하다. 세상의 모든 것은 사랑하기 위해서다. 누가 얼마나 많이 사랑하고 많은 사람을 사랑할 수 있는가? 이것을 위해 사랑의 방법을 터득하고 더 많이 사랑하기 위해 열심히 공부하는 것이다.

사랑의 사람이 되지 않으면 아무리 탁월한 능력을 나타내고 업적을 이루어도 정작 본인은 불행할 수 있다. 맨 나중에 남는 것은 사랑이다.

우리는 종종 임종 마지막 인사를 "엄마, 사랑해." "여보, 사랑해"라는 말로 마무리하는 것을 본다. 사랑만이 세상을 변화시킬 수 있고 자신을 행복하게 한다. 부모는 자녀를 교육할 때 사랑을 최종 목표로 삼아야 한다. 사랑에서 성공하지 못하면 그것은 실패한 교육이다. 하나님과 이웃을 전심으로 사랑하는 일이야말로 우리가 최종적으로 도달해야 할 교육의 모습이다.

성경 고린도전서 13장은 사랑에 대한 내용으로 유명하다. 이것을 적용하면 가장 좋은 사랑의 모습이 될 수 있다.

사랑이 없으면 천사의 말을 할지라도 소리 나는 구리와 울리는 꽹과리가 된다. 내게 있는 모든 것으로 구제하고 또 내 몸을 불사르게 내어줄지라도 사랑이 없으면 아무 유익이 없다. 사랑은 오래 참고 사랑은 온유하며 투기하는 자가 되지 아니하며, 사랑은 자랑하지 아니하며 교만하지 아니하며 무례히 행치 아니하고, 자기의 유익을 구하지 않으며 성 내지 아니하며 악한 것을 생각지 않으며 불의를 기뻐하지 않고 진리와 함께 기뻐하고, 모든 것을 참으며 모든 것을 믿으며 모든 것을 바라며 모든 것을 견디는 것이다. 믿음, 소망, 사랑, 그중에 제일은 사랑이다.

교육의 임무는 사랑의 사람을 만드는 것이다. 좋은 대학에 들어가고 좋은 성적을 얻는 것이 교육의 궁극적인 목표는 아니다. 탁월한 업적을 거두고 위대한 발견을 한 천재라 할지라도 사랑이 빠지면 그것은 실패한

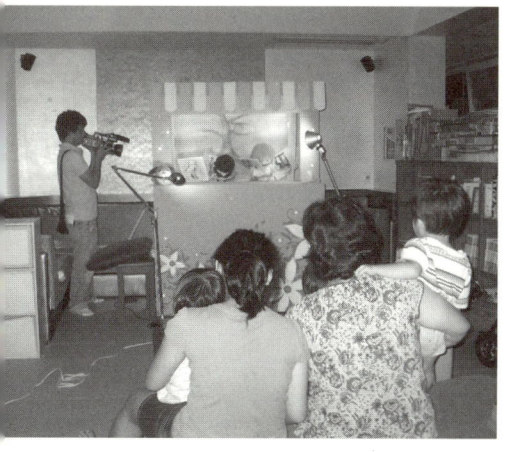

집 안에서 부모가 자녀들에게 보여주는 성경인형극    성경인형극을 가족과 함께 보는 자녀들

교육이 된다.

사랑의 사람이 되지 못하면 아무리 재능이 탁월해도 헛것이다. 이웃과 나라와 인류가 행복해지는 것은 오직 사랑의 사람에 의해서다. 얼마나 이웃과 나라와 인류를 사랑하는 사람을 많이 배출하느냐가 우리의 관심이 되어야 할 것이다.


## 사랑을 가능한 많이 주어라

어떤 교육을 해야 사랑의 사람이 될 수 있을까? 사람은 사랑을 받고 살아가는 존재다. 가정은 부모가 자녀에게 사랑을 주는 곳이다. 학교는 교사가 학생을 사랑하는 곳이다. 그 사랑을 가정과 학교에서 배워서 다른 사람과 이웃을 사랑하는 사람이 되는 것이다. 사람은 사랑받은 만큼 남을 사랑한다. 자녀들이 자라면서 문제를 일으키는 것은 사랑 결핍증 때문이다. 사랑을 받아야 할 시기에 사랑을 받지 못하거나 부족하면 이것이 다른 형태로 나타나 문제를 일으킨다. 교육은 사랑을 주는 것이다. 학교를 가는 것은 엄밀히 말하면 사랑을 받기 위해서이다. 어릴 때 얼마나 사랑을 많이 받았느냐가 그 아이의 미래를 결정한다. 가능한 많은 사랑을 자녀에게 주면 좋다.

부모의 사랑과 선생님의 사랑은 비교할 수 없다. 막 태어난 어린아이에게 가장 중요한 사람이 누구인가? 부모다. 그런데 우리 현실은 아이가 조금만 자라면 놀이방에 맡길 수밖에 없게 된다. 맞벌이를 나가는 부모들에게 아이는 큰 짐이다. 아이들은 놀이방 선생님을 부모님보다 더 오래 만나게 된다. 이것은 바람직하지 않다. 오히려 어릴 때일수록 부모와 많은 대화의 시간을 가지는 것이 필요하다. 어린아이를 자라게 하는 최고의 영양분은 어머니의 사랑이다. 자녀는 어머니의 사랑을 많이 받고 자라야 나중에 사랑의 사람이 될 수 있다. 놀이방 선생님에게 맡기면 사랑을 받기가 어렵다. 놀이방 선생님이 아무리 잘해 준다 해도 부모보다 더 잘 할 수 없다.

자녀에게 가장 필요한 것은 사랑이다. 어릴 때 부모와 함께 있는 시간이 많으면 사랑받을 기회가 많아진다. 그런 자녀는 절대 곁길로 나가지 않는다. 설사 잠시 집을 나간다고 해도 결국은 돌아온다. 사랑을 받은 자녀는 결국은 사랑에 의해 변화된다. 사랑만이 사람을 변화시킨다. 다른 것을 조금 줄이더라도 자녀들과 함께하며 사랑을 주는 시간을 가지는 것이 미래를 위한 손해 보지 않는 현명한 투자다.

## 사랑받지 못한 히틀러

아돌프 히틀러는 제2차 세계대전을 일으켜 수많은 유대인들을 가스실에 몰아넣고 무려 600만 명을 죽인 사람이다. 독일의 대통령이 된 히틀러는 꿈을 이루었고 나름대로 성공했지만, 수많은 사람들을 죽이고 인류를 슬프게 했다. 결국 나중에는 자살로 비참한 인생을 마쳤다. 성공한 것 같지만 그는 실패한 성공자였다.

히틀러가 이렇게 된 것은 어린 시절 겪은 가정 불화 때문이었다. 히틀러는 사랑을 받지 못했고 그 사랑의 결핍이 잘못된 방향으로 나타났다. 히틀러의 아버지는 행상이었다. 여기저기 다니면서 장사를 하느라 늘 집을 비웠다. 그는 가지고 나간 물건을 다 팔 때까지 집에 돌아오지 않았다. 어느 때는 일주일 걸릴 때도 있었고 한 달이 지나도 돌아오지 않을 때도 있었다. 어머니는 히틀러를 데리고 늘 집에 있었다. 그러다 유대인과 잘못된 관계를 갖기 시작했다.

히틀러는 이런 모습을 보며 자랐다. 히틀러는 울면서 어머니에게 그 유대인을 만나지 말아 달라고 호소했다. 그러나 히틀러 어머니는 막무가내였다.

히틀러는 그 유대인을 미워하기 시작했다. 히틀러는

두루마리 토라를 읽는 아이들

마음속으로 유대인을 죽이고 싶은 충동이 일어났다. 히틀러는 자기도 모르게 유대인에 대한 증오와 한을 품게 되었다. 그래서 권력을 잡은 후 유대인을 학살하기 시작했다. 자녀가 어릴 때 부모로부터 받은 충격 때문에 성인이 된 후 엄청난 일을 저지를 수 있다. 한 사람을 잘못 키우면 그 사람으로 인해 수백 만명이 고통을 당하고 인류가 불행해질 수 있다. 그러나 한 사람을 사랑으로 잘 키우면 인류가 그 한 사람으로 인해 행복해질 수 있다.


## 탕자 이야기


예수님의 비유 중에 우리가 잘 아는 탕자 이야기가 있다. 어떤 사람에게 두 아들이 있었다. 둘째 아들이 아버지의 재산 중에 자기에게 올 유산을 미리 받아서 집을 나갔는데 며칠이 못 되어 그 재산을 다 허비했다. 마침 나라에 흉년까지 들어서 이 아들은 궁핍하게 되었고 돼지가 먹는 열매로 배를 채우고자 했지만 그것마저도 주는 자가 없는 비참한 신세가 되었다. 거의 죽을 지경에 이른 둘째 아들은 하나님과 아버지를 생각하면서 회개를 한다. 그리고 집으로 돌아온다. 둘째 아들은 염치가 없으니 아들이 아닌 품꾼으로 써 달라고 하면서 아버지를 찾는다. 이런 아들을 아버지는 품꾼이 아닌 아들로 맞아주면서 잔치를 벌이고 기뻐하는 장면이 나온다.

둘째 아들이 이렇게 아버지에게 돌아온 것은 아버지의 사랑 때문이다. 여기에 나오는 아버지는 인자한 아버지이다. 아버지가 아직 죽지도 않았는데 유산을 달라는 것은 이치에 맞지 않는다. 하지만 아버지는 아들의 몫을 기꺼이 내어준다. 그리고 돌아오는 아들을 무조건 환대하고 큰 잔치까지 벌인다. 여기서 우리는 아버지의 무한한 사랑을 느낄 수 있다. 아버지가 얼마나 아들을 사랑했을까 충분히 짐작이 간다. 아들은 그 아버지의 사랑을 모르고 집을 나가서 허랑방탕하게 살았다. 그러나 나중에 아버지께 받은 사랑을 깨닫고 진심으로 회개하여 새로운 사람으로 변화된다.

자기를 품꾼으로 써 달라는 둘째 아들의 모습은 그가 완전히 새로운 사람으로 변했음을 보여주고 있다. 아버지는 집 나간 아들에게 한 일이 없다. 아들을 끝까지 사랑한 것밖에 없다. 사랑은 사람을 변화시키는 위대한 힘이다. 최고의 교육은 사랑을 주는 것이다.

## 가장 큰 사랑의 방법

부모가 자녀를 사랑하는 방법은 여러 가지가 있다. 그중에서 가장 큰 사랑의 방법은 말씀을 가르치는 것이다. 왜냐하면 영원히 변하지 않는 가장 소중한 생명을 심어주는 일이기 때문이다. 부모는 사라져도 어릴 때 심어준 말씀은 그를 영원히 지켜 준다. 히브리어로 교사는 '모림'(Molim) 이라고 하고, 부모는 '호림'(Holim)이라고 한다. 이 단어는 서로 같은 의미를 지니고 있다. 이 단어들은 가르치는 것과 목표물을 향해 쏘는 것을 뜻한다. 부모는 곧 교사를 의미한다. 우리는 먹이고 입히고 재워 주는 역할만 생각하는데 사실은 교사의 임무가 더 중요하다. 부모에게 준 큰 임무는 성경을 자녀에게 잘 가르치고 전수하는 일이다.

토라를 가르친 후에 아들과 함께한 아버지

유대인들은 부모가 자녀에게 좋은 음식물을 먹이고 좋은 옷을 입히는 것보다 더 중요하게 여기는 것이 있다. 그것은 조상 대대로 물려받은 성경을 가르치며 신앙을 전수하는 일이다. 유대인 아버지는 거의 매일 저녁, 자녀에게 성경을 가르친다. 안식일에는 30분 이상 시간을 내어 자녀에게 성경을 가르친다. 손님 때문에 이런 아버지의 의무를 미루거나 거르지 않는다. 손님이 왔다고 해서 자녀에게 성경을 가르치는 시간을 양보하지 않는다. 유대인은 자녀에게 성경을 가르치는 것을 부모가 해야 할 가장 중요한 일로 생각한다. 만약 부모가 성경을 자녀에게 가르치지 않는다면 자녀를 사랑하지 않는 것이다. 부모가 성경을 가르치는 일은 자녀에게 가장 큰 사랑을 주는 것이다.

성경을 통해 하나님의 사랑을 배우고 하나님의 사랑 안에 거하게 하는 것은 부모가 자녀에게 전해 줄 최고의 사랑이다. 성경은 지식과 정보의 책이 아닌 사랑의 책이다. 누구든지 성경을 읽고 공부하면 예수님처럼 사랑의 사람이 된다. 자녀를 사랑의 사람으로 만들고 싶은가. 그렇다면 지금부터 성경을 가르치고 성경을 읽게 하라.

## 유대인 교육의 한계점

사회가 양극화되고 빈곤한 이유는 사랑이 부족하기 때문이다. 가난한 나라의 특징은 사랑의 부족이다. 충분한 자원과 물질이 있는데도 그것을 함께 나누지 못하고 지도층과 부자와 교육을 받은 지식층이 모두 독차지하고 있다. 그런 나라는 부패가 심하고 빈부귀천의 차가 크다. 반면에 선진국은 사회복지 제도가 잘 되어 있다. 함께 사랑을 나누는 국가 시스템이 잘 마련되어 있다. 식량학자들은 식량이 부족해서가 아니라 나누지 못해서 기아가 생긴다고 주장한다. 학자들의 주장에 의하면 세계에는 모든 세상 사람들이 충분히 먹고 마실 수 있는 양식이 있다는 것이다. 그런데 사람들의 이기심으로 인해 그것을 나누지 못함으로 기아로 죽는 사람들이 많다고 한다. 하나님은 인간에게 충분한 복을 주셨다. 그러나 인간의 욕심으로 저주가 되고 있는 것이다.

왜 함께 나누는 사회가 되지 못할까? 그것은 사랑이 부족해서다. 지도자의 부정부패가 만연하고 가진 자들이 자기의 유익을 구하는 정책과 제도를 만들어 나라를 통치하면 결코 선진국이 될 수 없다. 지도자들은 왜 이렇게 부패하는가? 사랑이 부족하기 때문이다. 부정과 부패는 사랑의 결핍에서 온 일종의 병이다. 내 이웃을 내 몸과 같이 사랑한다면 나만을 위해 부와 권력을 독점하지는 않을 것이다. 왜 교육이 필요한가? 사랑을 실천할 수 있는 사람을 만들기 위해서다. 교육을 통해 사랑의 사람들이 많아진다면 지금의 사회 문제는 저절로 해결될 것이다 유대인 교육의 문제점은 교육의 범위가 자기 민족 교육에만 머무는 데 있다. 유대인은 선민의식이 강하다. 다른 민족과 함께 공유하기 힘든 교육구조를 지니고 있다. 다른 민족이 흉내 내기 어려운 것들이 지금도 유대인 교육에는 고집스럽게 존재한다. 그리고 이방 민족에 대한 배타성이 여전히 깔려 있다. 수직적인 교육을 강조하고 민족과 가문 대대로 이어지는 교육은 강하지만, 수평적인 이방민족을 향한 나눔은 부족하다. 이들은 다른 이웃을 향해 아예 전도를 하지 않는다. 유대인 교육은 자기들의 혈통을 이어가는 교육은 될지 몰라도 좋은 것을 열방과 함께 나누는 교육은 되지 못한다. 유대인 교육에는 복음이 없다. 자칫하면 자기 민족성만 추구하는 이기적인 교육으로 나갈 수 있다.

　　예수님 당시에도 유대인들에게 나타난 문제는 사랑이 없다는 것이었다. 그들이 말하는 사랑은 자기 민족들에 대한 사랑이지 이방인들에 대한 사랑은 제외되었다. 유대인 교육의 치명적인 결함은 진정한 사랑이 없다는 것이었다. 모든 가르침은 사랑으로 결론이 이어져야 하는데 유대인 교육은 이 점에서 방향감을 상실했다.

　　그러나 예수님이 제시한 복음적 사랑은 유대인이 말하는 사랑을 뛰어넘는 인류를 향한 사랑이다. 십자가 사랑이 그것을 잘 보여준다. 현대 유대인들은 자기 민족에 대한 사랑은 강하지만 이방인들에게는 냉혹하리만큼 무자비할 때가 있다. 현재 팔레스타인의 문제는 그런 사랑의 부족에서 나오는 유대인의 딜레마일 수도 있다.

　　성경교육은 결국 사랑교육이다. 그렇지 못하면 율법에만 머문 이기적인 교육이 되고 만다. 생명 없는 껍데기 교육이 된다. 현대 유대인 교육이 방법론에서 우리가 본받을 만한 탁월한 것들이 있지만 교육의 전체적인 방향에서는 큰 오류가 있다. 그것은 예수님 당시에 행해졌던 유대인의 모습과 별로 다르지 않다. 지금도 유대인들이 정말 토라를 그토록 사랑한다면 소외된 민족을 향해 과감하게 마음을 열고 사랑을 실천하는 모습으로 나가야 한다. 그것이 예수님이 말씀하셨던 토라의 정신이다. 이런 가르침을 산상수훈에 잘 명시하고 있다. 성경을 사랑하고 성경의 가르침에 충실한 것은 우리의 지식이나 탁월성을 자랑하기 위함이 아니라 결국은 이웃을 위해 헌신하고 희생하는 데 있다. 예수님과 그의 제자들이 살았던 그 삶의 원리는 모두 사랑이었다.

이런 점에서 예즈덤교육은 유대인 교육과 차별되고 유대인 교육을 능가하는 원리적 강점이 들어 있다. 우리는 교육을 통해 사랑의 사람을 만드는 데 초점을 두어야 한다. 그리고 이것은 모두가 평생 잊지 말아야 할 가장 중요한 교육원리다. 예수님의 십자가 죽음을 통한 사랑이 지금까지 인류와 세상을 변화시켰듯이 우리 교육의 최종지점은 여기에 도달하는 것이다.

하나님이 오래전에 열국 중에 이스라엘을 선택한 것은 그들을 통해 이방인들을 구원하는 데 목적이 있다. 이스라엘의 조상인 아브라함을 선택한 이유는 모든 족속이 아브라함(이스라엘)으로 인하여 복을 받게 하기 위해서다(창 12:3). 그러나 지금도 유대인들은 이것을 인식하지 못하고 오직 자기 민족의 사랑에만 매어 있다. 말씀을 자기 중심으로 해석하여 적용하는 잘못을 여전히 범하고 있다.

정말 생명처럼 토라를 믿는다면 지금이라도 유대인들은 열방을 향해 그들의 강점을 나누어 주고 자기 몸처럼 이방인들을 사랑해야 할 것이다.

초대한 이웃 외국인과 대화의 시간을 갖고 있는 필자의 가정

또 이스라엘을 통하여 모든 인류가 사랑으로 하나되는 것을 꿈꾸어야 한다. 그것이 하나님이 이스라엘을 선택하고 번성하게 한 이유다. 그러나 유대인들은 이런 성경의 가르침을 외면하고 있다. 이런 점에서 예수님이 모든 족속이 구원을 얻고 복을 받는 비전을 제자들에게 명령하셨다는 것은 의미가 있다. 유대인들이 해야 할 일을 제자들에게 부탁하신 것이다.

"그러므로 너희는 가서 모든 족속으로 제자를 삼아 아버지와 아들과 성령의 이름으로 세례를 주고 내가 너희에게 분부한 모든 것을 가르쳐 지키게 하라." (마태복음 28:19~20)

"우리가 하나된 것같이 저희도 하나되게 하려 함이니라." (요한복음 17:22)

이웃을 향한 최고의 사랑은 복음을 전하고 가르쳐 지키게 하는 일이다. 자기 민족을 넘어 모든 족속에게 그리스도의 사랑을 전함으로 모든 인류가 하나되게 하는 일이다. 예즈덤교육은 이런 예수님의 가르침에 따라 수직적으로 자녀를 제자 삼을 뿐 아니라, 수평적인 이웃 전도로 온 족속을 제자로 삼으면서 사랑을 전하는 데 목표를 두고 있다. 모든 그리스도인은 주님과 제자들이 자기의 모든 것을 바쳐서 열방을 사랑하고 복음을 전한 것처럼 그 위대한 사랑을 본받는 사람이 되어야 할 것이다.

---

**Tip 사랑은?**

—사랑은 어떤 상황에서도 인내하는 것이다.

—사랑은 사람에게 친절을 베푸는 것이다.

—사랑은 진실하고 자신을 낮추는 겸손이다.

—사랑은 타인을 소중한 존재로 존중하는 것이다.

—사랑은 다른 사람의 유익을 먼저 구하는 것이다.

—사랑은 잘못을 하더라도 책망하지 않고 용서하는 것이다.

—사랑은 속이지 않고 정직하게 행하는 것이다.

—사랑은 자신의 선택을 존중하며 그것에 헌신하는 것이다.

—사랑은 자신의 목숨까지 타인에게 주는 것이다.

## • 원리 6 •

# 질문과 대화를 많이 하라

### 무슨 질문을 했는가?

우리나라 부모들은 자녀들이 학교에 갈 때 문 밖에서 이렇게 말한다. "학교에 가서 선생님 말씀을 잘 들어라." 무슨 말인가? 그것은 학교에서 선생님 말씀을 잘 듣는 것이 공부의 지름길이라는 뜻이다. 우리 학교교육은 선생님 말씀을 잘 듣고 그 내용을 숙지하는 학생을 만드는 데 힘쓴다. 물론 잘 듣는 것이 중요하다. 그러나 그것은 공부의 시작에 필요한 태도이다. 그것에만 머물면 지식 주입식 공부에 그치게 된다. 시험은 선생님이 말씀하신 것을 암송하여 다시 풀어내는 것에 불과하다. 여기에서 창의력은 생기지 않는다. 이렇게 되면 두뇌가 수동적이 되면서 발달이 잘 안된다.

유대인 부모들이 학교에 등교하는 자녀에게 가장 먼저 하는 말은 "모르는 것이 있으면 주저하지 말고 선생님께 질문해라"이다. 유대인들은 자녀가 학교에 다녀오면 "오늘은 선생님께 무엇을 물어보았니?"라고 묻는다. 우리나라는 이미 정해진 답을 찾아가는 공부를 한다. 유대인들의 공부는 새로운 문제점을 찾아가는 공부다. 왜냐하면 질문을 통하여 새로운 것이 발견되기 때문이다. 질문하지 않으면 해답도 없다. 질문할 때 답이 나온다. 질문을 하면 생각을 하게 되고 자연스럽게 머리가 단련이 되면서 두뇌가 계발되고 창의력이 생기게 된다.

사실 간단한 방법이지만 우리와는 거리가 멀다. 오히려 우리는 질문을 하면 어린아이가 쓸데없는 것까지 신경 쓴다고 핀잔을 준다. 특히 유교적인 문화 속에서는 어른들 앞에서 아이들은 얌전히 있는 것을 원한다. 예전부터 우리는 어릴 때 궁금한 것을 묻는 것은 예의 없는 사람으로 보았다. 이렇게 지내다 보니 우리는 어느새 질문하는 법을 잊어버렸다. 그리고 질문하는 것에 대한 두려움 때문에 질문을 잘 하지 못한다. 가정 전체 분위기가 이렇다 보니 학교에서도 질문하는 것이 어렵다. 대부분의 학생들은 모르는 것이 있어도 그냥 넘어간다.


## 호기심에서 출발하라


질문을 잘 하려면 먼저 호기심이 생겨야 한다. 사람은 호기심이 생길 때 질문한다. 아이들은 호기심이 많을 때 그것을 충족시켜 주지 못하면 어느 순간 그만 입을 다물게 된다. 부모가 아이에게 질문을 할 때도 단답형이 아닌 호기심을 유발시키는 질문을 하면 좋다. 자녀에게 호기심을 유도하여 스스로 답을 찾아가도록 질문을 한다. 자녀에게 호기심을 최대한 이끌어내고 그 호기심을 토대로 새로운 질문을 하도록 한다. 이렇게 하면 아이는 배움에 대한 욕구가 왕성하게 된다.

일대일 토론 중인 유대인 어린이　　람비와 학생들이 함께 자유 토론하는 모습

호기심은 두뇌계발의 원동력이 된다. 호기심이 생기면 그것을 찾아가는 과정으로서 자꾸 질문하게 되고 자연스럽게 배움이 일어난다. 좋은 교육은 부모와 교사가 질문하고 자녀와 학생은 대답하는 것이다. 좋은 질문은 질문을 끌어내는 질문이다. 질문에 질문이 꼬리를 물면서 계속 의문을 갖게 되고 이런 과정을 거쳐 나중에는 전혀 다른 해결점이 보인다.

탈무드에 "침묵을 지키는 것은 배움을 거부하는 것이나 마찬가지다"라는 말이 있다. 유대인들은 침묵은 곧 지식 욕구의 결여라고 생각한다. 모르는 것이 있을 때는 언제나 끝없는 질문을 통해 알아내는 도전정신을 가르친다. 질문을 하는 방법은 먼저 호기심을 갖게 하는 것이다. 호기심을 잃지 않으면 배움의 능력은 나이가 들수록 발전될 것이다. 유대인은 자기들의 혀에게 '모른다' 는 말을 열심히 가르치라고 말한다. 안다고 하면 호기심이 생기지 않는다. 그러나 모른다고 하면 호기심이 생긴다.

호기심은 아이들에게 많다. 사람은 태어나서 몇 년 동안 가장 많은 호기심을 갖게 된다. 아이들은 "엄마, 이건 왜 이렇게 되지요?" "아빠, 난 어디서 나왔어?" 등등 수많은 질문을 쏟아낸다. 왜 그럴까? 호기심 때문이다. 그러나 이런 호기심은 어른이 되면서 점차 사라진다.

상대성원리를 발견한 아인슈타인은 "나는 천재가 아니다. 다만 호기심이 많았을 뿐이다"라고 했다. 레오나르도 다빈치의 호기심은 누구보다도 많았다. 어린 레오나르도 다빈치는 어렸을 때 선생님에게 끊임없이 궁금한 점과 어려운 문제를 질문했으며, 때로는 선생님을 곤혹스럽게 했다. 레오나르도 다빈치는 어른이 되어서도 호기심이 사그라들지 않았다. 그의 알고 싶은 욕구는 자기가 연구하는 내용에만 머무르지 않았다. 주변의 모든 것이 다 알고 싶은 것이었다. 그의 노트에는 이런 구절이 나온다.

"인간이라는 한 종류가 형성하는 행위만 해도 얼마나 많으며 얼마나 다양한지 알겠는가? 세상에는 얼마나 많은 종류의 동물이 있으며 또 나무와 꽃이 있는지 아는가? 그리고 얼마나 다양한 언덕과 평지가 있으며, 샘과 강, 도시, 공공건물과 개인 건물이 있는지 아는가? 인간이 쓰기에 적절한 도구는 얼마나 다양한가? 또 의상과 장식품과 공예품은 얼마나 많은가?" 그는 노트를 가지고 다니면서 아이디어가 떠오르거나 의문 나는 것이 생길 때는 늘 기록을 했는데, 그가 쓴 노트만 해도 7천 페이지나 된다. 그가 얼마나 많은 의문과 질문을 가졌는지를 알 수 있는 대목이다.

자녀에게 어떻게 하면 호기심을 간직하고, 의문을 갖고 질문하게 할 수 있을까? 한 가지 방법은 "누가, 언제, 어디서, 무엇을, 어떻게, 왜"를 이용하여 질문을 던지는 것이다. 부모가 이런 질문을 토대로 자녀와 토론해 보는 것도 좋다. 자녀가 학교에서 돌아오면 "오늘 너는 무엇을 선생님에게 물어보았니?" 하면서 질문에 대한 평가를 하고 격려하는 것이 가장 좋은 방법이다.

## 예수님의 질문법

복음서를 보면 예수님의 질문이 많이 나온다. 예수님은 거의 질문으로 제자들과 무리들을 가르쳤다. 설명을 먼저 하기보다는 질문을 던지면서 그 질문을 통해 답을 유도해 내는 방법이었다. 복음서에 보면 200개가 넘는 예수님의 질문들이 나와 있다. 이를 통해 예수님이 얼마나 질문을 많이 사용했는가를 알 수 있다.

예수님이 한번은 제자들을 데리고 가이사랴 빌립보 지방에 간 적이 있었다. 그곳은 여러 신전들이 가득한 도시였다.

예수님은 제자들에게 질문했다. "사람들이 나를 누구라고 하느냐?" 제자들이 말했다. "더러는 세례 요한, 더러는 엘리야, 어떤 이는 예레미야나 선지자 중의 하나라 하나이다." 예수님은 다시 제자들에게 질문했다.

"너희는 나를 누구라 하느냐?"

이때 제자 중 베드로가 대답했다

"주는 그리스도시요 살아계신 하나님의 아들입니다."

예수님은 질문을 통하여 제자들을 교육하는 탁월함을 가지고 있었다. 예수님이 예루살렘 성전에서 걸어다니실 때 대제사장들과 서기관들과 장로들이 나와 질문을 했다. 그들은 예수님을 모함하려는 의도를 가지고 어려운 질문을 했다.

"무슨 권세로 이런 일을 하느뇨? 누가 이런 일을 할 권세를 주었느뇨?"

대답하기 어려운 질문이다. 만약 하나님이 시켜서 했다든지 자기가 하나님이라고 대답하면 그 즉시 신성모독죄로 죽이려고 했던 것이다. 진실을 말하면 오히려 어려움을 당할 처지에 놓였다. 그런데 예수님은 그들의 질문에 다시 역질문을 하면서 주도권을 잡는 것을 볼 수 있다.

유대인 학생들의 질문과 토론학습

"나도 한 가지를 너희에게 물으리니 대답하라. 그리하면 나도 무슨 권세로 이런 일을 하는지 이르리라. 요한의 세례가 하늘로서냐, 하나님에게로서냐. 내게 대답하라."

예수님의 이 말을 들은 그들은 만일 하늘로서라 하면 어찌하여 저를 믿지 아니하였느냐 할 것이고, 사람에게로서라 하면 모든 사람이 요한을 참 선지자로 여기므로 백성들이 두려워 아무 대답도 못했다. 그러자 예수님은 이렇게 대답을 하신다.

"나도 무슨 권세로 이런 일을 하는지 너희에게 이르지 아니하리라."

질문에 질문으로 답함으로써 어려운 상황을 헤쳐 나가는 예수님의 모습을 볼 수 있다.

## 귀납적 질문방법

유대인들은 귀납적 질문 방법을 많이 사용한다. 이런 질문의 능력을 어릴 때부터 키워 왔기에 사회에 나와서도 어려운 문제에 부딪히면 질문을 하면서 헤쳐 나간다. 세상은 정해진 답대로 가지 않는다. 귀납적 질문 방법은 관찰질문, 해석질문, 적용질문 등으로 점진적으로 깊게 질문하는 방식이다. 과학자들이 흔히 사용하는 탐구식 방법이다.

유대인의 가정에서 아버지는 아들과 일대일로 토라를 교육한다. 그들의 교육방법은 질문식이다. 그들의 학습방법은 처음부터 끝까지 질문식이다. 그들이 사용하는 탈무드 교육자료들도 내용 전개가 거의 질문식 방법이다. 교사와 아버지가 질문을 하면 자녀와 학생은 답을 찾아간다. 가능한 답을 빨리 가르쳐 주지 않고 스스로 찾도록 한다. 유대인들은 어떤 날은 질문으로만 학교공부를 하기도 한다. 우리에게는 상상할 수 없는 일이다.

## 질문과 명령의 차이

데이비드 락과 제프리 슈워츠가 신경과학적으로 풀이한 연구 결과에 의하면, 질문을 받으면 우리는 고민을 하면서 변화가 필요하고 또 가능하다는 결론에 이르는데, 이런 결론은 마치 섬광처럼 순식간에 이뤄진다고 한다. 이것이 깨달음, 즉 '통찰' 의 순간이다. 반면 바뀌어야 한다는 명령을 들으면 그 명령이 아무리 논리적일지라도 뇌가 거부 반응을 일으킨다.

우리는 질문보다는 명령을 내리려고 한다. 부모가 자녀를 양육할 때, 교사가 학생을 가르칠 때, 상사가 직원을 대할 때를 보면 거의가 명령형으로 일관된 것을 본다.

예시바 학생들의 교실 전경

질문은 사람으로 하여금 행동하게 만들어 원하는 결과를 얻게 한다. 정답을 제시하는 것이 아닌, "왜?" 혹은 "이렇게 하면 어떨까?"와 같은 다양한 질문을 통해 사람들이 스스로 생각하고, 발견한 나름의 답에 따라 행동하도록 유도한다면 즐거운 교육이 될 수 있을 것이다.

질문의 방법을 터득하여 끊임없이 자녀들과 학생들에게 제시한다면 질문 하나만으로도 충분히 교육이 가능하다. 질문보다 좋은 교육방법은 없다. 그런데 우리는 대부분의 교육이 설명과 명령으로 되어 있다. 자연히 지겹고 뇌가 거부반응을 일으켜 동기유발이 일어나지 않는다. 교육현장에 이런 방법이 그대로 유지되는 것은 은행 통장에 예금을 많이 넣어두면 좋다는 통장식 교육의 영향 때문이다. 주입식 교육이 만들어 낸 결과다.

교육은 잠재된 것을 이끌어내는 것이다. 이것을 도와주고 스스로 가능성을 찾아가도록 하는 것이 교사의 임무인데 우리는 많은 것을 주입하려고 한다. 자녀가 가진 잠재력을 발견하고 이끌어내려면 질문처럼 좋은 방법은 없다. 주입과 명령식의 교육법은 비인격적인 방법이다. 적어도 자녀의 인격성을 인정한다면 대화와 질문 식으로 교육하는 것이 바람직하다. 우리에게도 6일 학교 공부 중에서 대화와 질문으로 교육하는 날이 하루쯤 있다면 얼마나 좋을까?


## 쉬지 않고 질문하라

노벨상 수상자의 40퍼센트가 유대인이다. 전 세계 유대인의 숫자는 천만 명이다. 유대인은 우리들과는 다른 특별한 교육을 한다. 그 방법은 학생들이 두 명씩 한 조를 이루어 논쟁을 하기도 하고, 때로는 선생님과도 논쟁을 벌인다. '왜 이렇게 되는지, 그렇게 할 수밖에 없는지' 등 호기심을 갖고 쉬지 않고 질문을 한다.

계속 질문하는 것은 어린아이들이 지식을 얻는 데 가장 좋은 방법이다. 의문을 갖는 것은 지식 탐구의 출발점이 된다. 정말 공부를 잘 하려면 질문하는 습관을 익혀야 한다. 담대하게 선생님에게 질문하는 훈련은 어릴 때부터 하는 것이 좋다. 문제를 발견하고 문제를 제기할 때 창조력이 생긴다. 깊이 있는 공부는 항상 쉬지 않는 질문과 문제 제기를 하는 것이 몸에 익숙할 때 일어난다. 이해가 안 될 때는 용기 있게 선생님에게 물어보면서 문제를 적극적으로 찾는 태도가 필요하다. 자유로운 토론을 통해 자기의 의견에 어디에 문제가 있는지 발견하고 틀렸다면 수정하면 된다.

질문을 잘하면 자연히 대화도 잘하게 된다. 정말 답을 얻고 싶으면 질문을 하면 된다. 질문은 해답을 찾는 가장 좋은 길이다. 질문은 창의적인 사고를 하도록 도와준다. 질문하면 질문하는 자나 질문을 받는 자나 동일

교수와 자유롭게 질문과 토론으로 수업하는 유대인 대학생들

하게 효과를 볼 수 있다. 어려서부터 질문하는 습관을 길러 주면 분석력, 창의력, 분별력, 사고력 모든 면에서 탁월한 능력을 발휘하게 된다. 질문은 교육의 시작한다. 배움은 질문하면서 시작된다.

　기억하라. 질문하지 않으면 아직 교육에 들어간 것이 아니다.


## 질문을 통한 대화

　질문은 궁금한 것을 묻는 데서 시작된다. 질문을 하면 상호간에 답과 또 다른 질문이 오가면서 대화가 깊어진다. 인간은 처음부터 깊은 대화를 할 수 없다. 질문을 통하여 깊은 대화로 이어지는 것이 보통이다. 대화를 하면 인간관계가 좋아진다. 죄는 대화가 단절될 때 나타난다. 질문을 통하여 대화에 익숙해지면 나중에는 질문과 대화를 번갈아 가면서 사용하게 된다. 대화를 많이 나누면 관계가 돈독해진다.

부모는 자녀와 많은 대화를 나누는 것이 유익하다. 아이가 언어를 배우기 전에는 그리고 인지능력이 생기기 전에는, 질문을 할 수 없다. 0~3세 시기는 질문을 하기 힘들다. 이때는 대화를 하면 된다. 이야기를 들려주면서 아이와 주고 받는 대화를 하면 된다. 어린아이는 말을 하지 못하지만 몸짓과 표정으로 대화를 한다. 그런 아이의 행동을 보면서 대화를 나누면 일방적인 대화가 아닌 상호적인 대화를 어릴 때부터 나눌 수 있다.

어릴 때 자녀와 대화를 많이 나누는 것은 언어능력을 발달시키는 데 매우 중요하다. 대화를 많이 하며 자란 아이는 언어능력이 뛰어나다. 질문만 하게 되면 공부하는 것 같아 자칫 지루하고 흥미가 떨어질 수 있다. 이때는 대화식으로 이야기를 나누면 한결 부드럽고 관계가 돈독해진다. 처음에는 대화를, 다음에는 질문을, 그리고 다시 대화로 마무리하는 방법을 계속 실천해 보자. 그러면 자연스럽게 대화를 통해 부모와 자녀가 소통하게 되고 좋은 관계가 이루어진다. 또한 자녀는 놀라운 창의력을 발휘하는 단계까지 이르게 될 것이다.

## Tip 질문을 통해 얻는 유익한 점 10가지

1. 질문하면 어려운 답일지라도 찾게 된다.

2. 질문하면 생각을 자극하게 되어 두뇌가 발달된다.

3. 질문하면 사람의 마음을 열게 된다.

5. 질문하면 사람들이 흥미를 가지면서 귀를 기울인다.

6. 질문하면 사람을 설득시키는 힘이 있다.

7. 질문하면 점차 사람이 변화된다.

8. 질문하면 호기심이 생기게 된다.

9. 질문하면 창의적인 도전의식을 갖게 된다.

10. 질문하면 자신을 돌아보게 된다.

# 나만의 개성을 살려라

## 무지개와 같은 재능을 찾아라

우리는 무지개를 보면서 아름답다고 표현한다. 그것은 일곱 가지의 다양한 무지개 색 때문이다. 모두가 같은 색이라면 밋밋해서 아름답다는 표현을 할 수 없다. 이 세상이 아름다운 것은 나름대로의 개성이 있기 때문이다. 그것이 하나로 어우러져 조화를 이룬다면 더없이 아름답다. 인간의 삶도 마찬가지다. 인간은 각자의 달란트와 적성이 있다. 그것을 찾아 이웃과 서로 조화를 이루면 무지개와 같은 삶을 만들어 낼 수 있다. 무지개는 한 개의 색이 아니다. 다양한 색이 서로 조화를 이루어 아름답게 빛난다. 교육은 무지개처럼 인간이 가지고 있는 각 사람의 고유한 재능과 특성을 찾아 그것을 계발해 주는 일이다. 미리 정해진 규칙과 정답을 찾거나 오직 하나의 답을 요구하는 교육 현장에서는 우리가 가진 적성과 재능을 발휘하기가 어렵다.

인간은 각자 한 사람의 소중한 가치를 지니고 있다. 누구도 자기 의지대로 세상에 태어난 사람은 없다. 하늘의 섭리와 어머니의 수고로 이 세상에 나왔다. 어느 누구도 의미 없이 태어나지 않았다. 각자 나름대로 특징과 강점을 가지고 태어났다. 교육은 그것을 발견하고 극대화하도록 도와주는 것이다. 이렇게 되면 교육을 통하여 누구든지 행복해질 수 있다. 물론 스스로 자신의 능력을 발견하고 계발하는 것은 쉬운 작업이 아니다. 누군가의 도움이 있어야 하고 경험 있는 선배들의 보살핌이 필요하다. 사람에게 교육이 필요한 것은 이런 목적 때문이다. 모든 사람이 교육을 받을 수 있도록 국가와 정부가 책임을 지고 전 국민에게 기회와 여건을 마련해 주면 더 없이 좋을 것이다. 특별한 사람에게만 치중하는 교육은 교육적 사명을 망각하는 것이다.

## 누구나 영재가 되는 길

유대인 부모들은 자녀가 공부를 잘하기보다는 자신이 타고난 자질을 발휘하여 봉사하는 사람으로 살아가기를 원한다. 유대인들은 '남보다 뛰어나게'가 아닌 '남과 다르게'를 가르친다. 모든 교육은 이것에 초점이 맞추어져 있다. 자기만의 개성과 인격을 만들어 가는 교육이 지금의 유대인을 만들었다. 유대인 부모들은 어릴 때부터 아이의 잠재력과 개성이 어디에 있는지를 유심히 살핀다. 성격과 취미와 관심과 공부능력도 모두 이것에 맞추어져 있다. 만약 지적인 공부보다 나른 일을 즐겨 한다면 거기에 잠재력이 있지 않을까 생각하고 그것을 계발해 주려고 한다. 남과 다른 개성을 강조하면 다른 사람과 굳이 경쟁할 필요가 없다. 이렇게 되면 모두가 일등이 되는 교육이 가능하다.

토론으로 자기특성을 살리는 유대인학생들　　토론으로 서로 잠재력을 키워 주는 예시바 학생들

　　그런데 우리는 오직 1등을 향하여 달려가는 교육을 하고 있다. 우리는 그동안 기준을 정해 놓고 그것을 도달하는 사람에게 1, 2, 3등의 순위를 매기는 교육을 해왔다. 뛰어난 1등만 바라보고 공부한다. 여기에는 오직 1등만 존재하기에 앞만 바라보고 간다. 옆 사람이 보이지 않는다. 이런 교육은 생각만 해도 무섭다. 이렇게 해서 1등이 된 사람은 나중에 교만한 사람이 될 위험성이 많다.

　　개성을 강조하고 남과 다른 삶을 찾아가는 교육이 된다면 나만의 독특함을 살려서 서로 조화를 이루는 삶을 꿈꾸게 된다. 이렇게 공부하면 사회성도 좋고 인간관계도 원만하게 된다. 친구 간에 시기와 질투도 사라지고 친구를 경쟁자로 보기보다는 협력자로 보게 된다. 한 사람을 존경하게 되고 그 사람의 가치를 인정하는 인격교육이 될 수 있다.

　　그러나 지금처럼 줄서기와 성적 매기기 식의 공부는 인격을 파괴하고 인간관계를 더 어렵게 한다. 그런 교육은 시기와 질투와 미움과 교만과 자기 비하 등 보이지 않는 악을 만들어 낸다. 어쩌면 우리의 모든 문제들은 이런 잘못된 교육이 만들어 낸 결과라 볼 수 있다. 우리는 똑같은 교재와 교육내용과 방법을 가지고 복사판을 만들어 내는 교육을 한다. 그

속에서 우리 자녀는 불안하고 피곤하게 경쟁해야만 한다. 왜 친구와 비교하고 자녀들끼리 비교할까? 그것은 아직 자신의 개성을 찾지 못했기 때문이다. 모두에게는 하나님이 주신 각자 고유한 잠재력과 개성이 있다. 사람의 얼굴 모습과 신체의 특징이 모두 다르듯이 우리의 잠재된 특징도 서로 다르다. 그것을 찾아 자기 분야에서 우수성을 드러낸다면 누구나 영재가 될 수 있고 더 이상 서로 경쟁을 할 이유가 없다.

## 교사와 부모의 역할이 중요하다

교사와 부모의 역할은 무엇을 많이 가르치려고 하기보다는 나만의 잠재력을 발견하여 그것을 키워 주는 것이다. 이것이 부모와 교사에게 부여된 사명이다. 누가 공부를 잘하느냐보다 그가 가진 개성과 잠재력을 얼마나 빨리 발견하고, 그것을 자기의 강점으로 삼을 수 있는지 살피는 것이다. 그것에 도움을 주는 사람이 바로 교사요 부모다. 강제로 훈련하지 말고 기다리면서 인내를 가지고 아이를 잘 살피는 것이 중요하다. 잠재력을 발휘할 때까지 교사와 부모가 인내하는 것이 쉽지 않지만, 그것을 믿고 격려하고 도와준다면 그 아이는 언젠가 자기의 잠재력을 찾게 될 것이다. 최고의 교육은 자기의 잠재력이 발휘되게 하는 것이다. 길게 보고 개성과 잠재력을 발견하기 위해서 노력한다면 때가 되면 모두가 고유한 강점을 찾게 될 것이다.

유대인이면서 천재적인 영화감독으로 유명한 스티븐 스필버그는 어릴 때 체격이 작고 왜소하여 친구들에게 위협을 당하고 놀림을 당하는 소심한 아이였다. 그는 열두 살 때 아버지에게 8미리 무비 카메라를 선물로 받으면서 영화에 관심을 갖게 되었다. 공부도 잘하지 못하고 특별한 재능도 없었던 스필버그는 그 무비 카메라를 가지고 가족 행사에 참여하면서 카메라맨이 되었다. 그는 영화를 만들어 친구들에게 보여주곤 했다. 아들이 영화에 빠져 학교에도 가지 않자 그의 부모는 "스티븐, 이제야 네가 잘 할 수 있는 것을 찾은 것 같구나" 하면서 그의 재능을 키워 주고자 했다. 영화 만들기를 부모가 적극 지지해 주면서 그의 재능은 점점 살아나기 시작했다. 이런 부모님의 도움으로 스필버그는 결국 영화의 대가가 되었다.

## 자기만의 분야를 찾아라

사람은 모든 면에서 다 성공할 수 없다. 자기에게 주어진 분야에서 탁월하면 된다. 우리가 위인으로 알고 있는 사람들도 알고 보면 어느 한 분야에서는 성공했지만 다른 부분에서는 실패인 경우가 많다. 어떤 부분에서는 우리보다 못한 것도 있다. 이것은 우리도 그들 못지않은 위대한 일을 할 수 있다는 가능성을 보여준다. 위인들을 부러워하며 힘이 빠질 필요가 없다.

우리가 잘 알고 있는 에디슨은 수많은 발명을 하여 인류에 공헌한 사람으로 유명하다. 그는 수많은 실패를 경험하면서 발명을 성공시켰다. 에디슨은 일생을 통해 2000건이 넘는 발명을 했는데, 그 대부분은 30세 때 이루어졌다. 53세에 발명한 알칼리 전지를 제외하면 30세 이후로 중요한 발명은 거의 없었다.

에디슨은 정규 학교를 다니지 않았다. 그
것이 그에게 강점이 되었지만 고등수학의 하
나인 삼각함수를 이용한 교류 이론을 이해하
지 못했기 때문에 그는 더 이상 다른 길로 나
아가지 못했다. 자기 자만심까지 높아서 끝까
지 자기 방식을 관철하고자 하는 완고함 때문
에 그는 교류가 아닌 직류방식을 고집했다.
에디슨은 끝까지 교류화를 거부함으로써 사
업에 실패하게 되었고, 나중에는 모건 회사의

자기 그림을 펼쳐 보이는 유대인 아이

지배를 받게 되었다. 회사 이름에서도 에디슨이라는 이름이 빠지고 결국
에디슨은 회사에서 쫓겨나는 신세가 되었다. 후에 에디슨 회사를 인수하
여 발전시킨 회사가 오늘날 세계의 최고의 기업인 제너럴 일렉트릭(GE) 사
가 되었다.


또 한 사람 알버트 아인슈타인은 상대성이론으로 노벨상까지 받은
세기의 천재다. 그러나 마지막에는 에디슨이 직류를 고집하여 사업에 실
패한 것처럼 아인슈타인도 직관에 의한 연역적 방법만 고수하고 하나의
법칙을 통합시키는 귀납적 방법을 무시함으로써 식이 더욱 복잡해져, 나
중에는 학계의 시시를 받지 못하는 신세가 되었다. 과거에 위대했던 사람
으로서 아인슈타인은 남아 있어도 천재로서는 계속 존재하지 못하고 점
차 사람들의 뇌리에서 사라졌다. 이런 일들로 절망한 아인슈타인은 한마
디 말을 남겼다.

"신은 나를 버렸다."

아인슈타인은 초기에는 성공했지만 마지막에는 통일장이론이나 우주론에서 실패했고, 이런 실패에 대해서는 지금 우리들의 기억에 별로 없다. 인간은 완벽할 수 없다. 중요한 것은 내가 할 수 있는 분야에서 잘하면 된다. 나만이 가진 개성을 발전시켜 사회에 공헌하는 것이 우리가 세상에서 태어나 해야 할 의무이다.

유대인을 의미하는 '헤브라이'라는 말은 '맞은편 물가에 선다'는 뜻을 가지고 있다. 반대하는 것을 두려워하지 말라는 의미와 다른 사람이 자기의 의견에 반대하는 것을 허락해야 한다는 의미를 갖고 있다. 서로 다름을 인정할 때 자기의 개성이 나온다. 나와 모든 사람이 같아야 한다는 생각은 나의 개성과 다른 사람의 개성을 무시하는 것이다. 탈무드에 보면 "만일 모든 사람들이 한 방향으로만 향하고 있다면 세계는 기울어지고 말 것이다"라는 말이 있다. 모두 동일하다면 세계는 제대로 돌아가지 않는다.

지금이라도 자녀의 잠재력을 발견하여 개성 있는 사람으로 키우는 데 집중한다면 누구라도 세계 일등이 될 수 있다. 즉 '비교하는 일등'이 아닌 '개성을 살린 일등'이다. 지금부터라도 각자에게 있는 놀라운 잠재력을 찾는 일에 힘써야 할 것이다.

## 하고 싶은 일보다 잘할 수 있는 걸 하라

사실 자신만의 개성을 찾는 것은 쉽지 않다. 우리는 여기서 한 가지 염두에 두어야 할 것이 있다. 그것은 자기가 하고 싶은 일과 잘할 수 있는 것은 다르다는 사실이다.

젊은이들이 주의해야 할 것이 있다. 그것은 하고 싶은 일이라고 해서 그것이 다 나의 개성이라고 생각하면 안된다는 것이다. 하고 싶다고 그것이 내 것이 되는 것은 아니다. 무조건 노력만 하면 된다고 생각하면 오산이다. 물론 노력에 따라 어느 정도 성과는 낼 수 있으나 탁월하게 실력을 발휘할 수는 없다. 왜 그런가? 그것은 원래 하나님이 주신 그 일을 찾지 못하고 내가 좋아하는 것만 찾으려 했기 때문이다.

하나님이 주신 일은 좋아하기도 하지만 잘할 수 있는 일이어야 한다. 그것을 찾는 것이 중요하다. 하고 싶다고 그 일을 꼭 잘하는 것은 아니다. 아무리 하고 싶어도 그 일을 잘하지 못하면 큰 의미가 없다. 따라서 자신을 냉정하게 살펴볼 필요가 있다. 먼저 하고 싶은 일보다 잘할 수 있는 일을 찾는 것이 중요하다. 그것이 천부적인 재능이다. 흔히 끼라고 말한다. 끼가 없으면 아무리 열심히 해도 한계가 있다. 가장 잘할 수 있는 것이 무엇인지를 고민하고 부모는 그것을 선택하게 하는 것이 좋다.

대체적으로 보면 하고 싶은 일은 하나님과 상관없는 인간적인 욕심인 경우가 많다. 왜냐하면 하나님과 관계가 깊지 않고서는 인간은 보통 자기의 욕망에 따라 일을 선택하는 경향이 많기 때문이다. 육신에 이끌리는 일을 하면 그것이 당장은 좋아하는 일이라 할지라도 나중에는 문제가 된다. 하나님이 주신 일은 잘하는 일이다. 그것이 은사다. 물론 처음부터 잘하는 것은 아니다. 그러나 기본적으로 하나님이 잘하는 능력을 주실 때 그 일이 효과를 볼 수 있다. 하나님이 주신 은혜를 따라 자기의 은사를 찾아야 한다. 물론 좋아하는 일 속에 잘하는 일이 있지만 그렇다고 꼭 그런 것은 아니다. 그냥 좋아하는 일만 했다가 크게 효과를 보지 못하는 경우가 허다하다. 자기에게 맞는 일을 잘 분별하여 정말 내가 잘할 수 있는 것이 무엇인지 어릴 때부터 고민하면서 그 일을 찾아 인생을 건다면 그보다 좋은 일은 없다.

물론 나만의 개성을 찾는 작업은 만만치 않다. 그러나 그것을 발견하면 그때부터는 가속도가 몇 배 붙는다. 인생을 성공한 사람들은 이 부분을 처음부터 잘 잡았다. 부모는 자녀에게 이것을 발견하고 그것에 최선을 다하도록 하나님의 도우심을 구하는 것이 필요하다. 내가 잘하고 싶다고 잘하는 것이 아니다. 그것은 노력 이상의 것으로 하나님이 주신 선물이다. 하나님이 이미 태어날 때 주신 나만의 강점이 있는데 그것을 찾는 것이 우선 과제다. 하나님은 남보다 잘할 수 있는 것을 주시지 아무리 노력해도 잘 안되는 것을 주시지 않는다.

내 자녀에게만 있는 고귀한 하나님의 선물을 찾아보자. 알고보면 이보다 즐겁고 설레는 일은 없다. 부모와 교사, 교회가 함께 이 일을 돕는다면 더 없이 좋을 것이다.

# 삼대가 함께 지혜를 공유하라

## 세대 단절의 위험

인류의 죄악은 관계의 단절에서 시작되었다. 죄는 부부와 형제와 인류의 단절을 가져온다. 잘못하면 교육이 오히려 세대 간의 단절을 부추기는 원인이 될 수 있다. 교육이 세대를 통합하지 못하고 세대 간에 단절을 부추긴다면 그 교육은 잘못된 방향으로 나가고 있는 것이다. 요즈음 우리 사회는 세대 간에 격차가 점점 더 벌어지고 있다. 세대 간의 분리는 공동체의 근간인 가정을 파괴하고 나아가 이웃, 국가까지 어렵게 한다. 또 개인주의와 물질주의와 쾌락주의를 앞당기는 결과가 된다. 세대를 연결하는 교육이 되지 못하면 교육이 다음 세대로 전수되기 어렵다. 하나되는 가족, 하나되는 사회를 이루는 일은 세대가 함께 교육할 때 가능하다.

종종 젊은 세대들과 내화를 하다 보면 "세대차이가 난다"는 말을 듣는다. 만약 교육을 할수록 세대 간의 간격이 더 벌어진다면 교육에 근본적인 문제가 있는 것이다. 교육을 할수록 서로 이해가 깊어지면서 세대 간격이 좁혀져야 한다. 그런 교육이 되지 못한다면 그 교육은 재고해 보아야 한다.

## 삼 세대가 모이는 가정

　세대 간의 소통을 이루는 장소로 가정만 한 곳은 없다. 가정은 보통 자녀, 아버지, 할아버지가 함께하는 삼 대를 경험할 수 있는 곳이다. 요즈음은 핵가족으로 인해 삼 대가 함께하기 어렵지만 아직까지 명절이나 가족 모임에서 삼 세대가 함께 모이는 것은 흔한 일이다. 가정은 서로의 세대를 이해하면서 존경하고 질서를 배우는 곳이다. 가정에서 이런 교육이 이루어지고 사회에서도 그대로 적용된다면 세대 간 갈등은 사라지게 될 것이다.

삼 대가 함께 모여 기도문을 읽는 유대인들

유대인은 세대 간의 차이가 거의 없다. 삼 대가 동일한 철학과 생활방식을 가지고 있다. 사실 이런 세대의 소통은 이스라엘 역사의 오랜 전통 속에서 이루어진 일이다. 지금도 유대인은 전 세계에 흩어져 있지만 토라와 탈무드 같은 교과서를 가지고 온 가족과 민족이 함께 공부한다. 토라와 탈무드를 통해 모든 세대가 소통한다. 공통적인 종교적, 사상적 기초를 가지고 있기에 가치관과 생활방식은 쉽게 소통이 될 수 있다.

유대인들이 가정에서 안식일을 지킬 때는 삼 대가 함께 모인다. 아이들은 할아버지의 지혜를 전수받는다. 학교에서도 나이 든 교사가 존경을 받는다. 아이들은 나이 든 랍비들을 선호한다. 유대인들은 세대 간의 연결을 이루어 수천년 동안 위기에서도 나라와 민족을 구했다. 세대와 연결이 잘 되면 전통교육은 자연스럽게 이루어진다. 과거로부터 내려온 선조들의 지혜와 전통을 다음 세대가 잘 배울 수 있다. 즉 세대를 통해 지혜를 얻고 있는 것이다. 또한 이것은 성경을 계속 다음 세대로 이어가는 교육의 원천이 되고 있다. 유대인들은 수천년 동안 토라를 가르치면서 다음 세대로 믿음을 이어가고 있다.


## 세대의 소통을 이루는 회당 예배


유대인 회당 예배에 참석한 적이 있었다. 유대인늘은 금요일 저녁에는 가정에서 안식일을 지키고, 토요일 오전에는 회당에 모여 예배를 드린다. 가정에서는 가족들과 시간을 갖고 회당에서는 유대인 가족들이 함께 모여 예배를 드린다.

1세기경의 유대인 회당 복원도

예루살렘의 마을회당에 예배를 위해 모인 유대인들

　　회당 예배 역시 삼 세대가 같이 모여서 드리고 있었다. 60~70여 명 되는 인원이 원으로 둘러앉아서 예배를 드리는데 바깥 원은 할아버지 세대가, 두 번째 원은 아버지 세대가, 안쪽 원은 젊은 세대가, 그리고 가운데 바닥에는 아이들이 앉아 있었다. 2시간이 넘게 예배를 드리는데도 산만하지 않았고 질서 있게 예배가 진행되었다. 특이한 것은 사회자가 없이 성경읽기, 기도, 찬송, 성인식 등으로 진행되는 것이었다. 사회자 없이도 모든 세대가 하나로 통합하여 예배를 드릴 수 있다는 것이 신기했다. 우리로서는 감히 생각할 수 없는 모습이다. 예배를 통해 세대의 통합이 자연스럽게 잘 이루어졌다.

　　아이들이 아버지와 할아버지 세대를 거부감 없이 배우는 회당 예배는 우리의 예배와는 사뭇 달랐다. 우리는 각 세대별로 나누어 예배를 드린다. 어린이와 청소년과 청년과 아버지 세대가 각자 다른 시간에 드린다. 예배야말로 서로 통합하는 시간인데 우리는 그렇게 하지 못한다. 결국 세대의 단절은 더욱 커지게 될 수밖에 없다. 우리가 교회 안에서조차 세대 간의 통합을 잘 이루지 못하는 문제는 깊이 생각해 봐야 할 필요가 있다.

## 세대를 통합하라

한국은 핵가족화됨으로써 세대 간의 차이가 더 커지고 있다. 이것은 모든 세대가 함께 공유할 수 있는 가치가 부족하기 때문이다. 시대가 지나도 모든 세대에 함께 적용되고 통용되는 가치를 가지고 있다면 이런 문제를 극복할 수 있다. 물론 쉽지 않다. 우리가 배우고 있는 과학, 수학, 영어, 수학, 국어, 사회 등으로 가치관을 하나로 통합시키는 것은 무리가 있다. 이것은 기능적이기에 모두에게 적용되지 않는다. 또 시간이 지나면 달라진다. 그렇다면 이것을 통합하는 길은 없을까?

그 답은 물질적인 것이 아닌 인간에 대한 교육으로 접근하면 된다. 인간에 대한 교육은 시대와 세대를 초월하여 모두에게 적용 가능한 보편적인 것이다. 인간에 대한 것은 누구든지 함께 공유할 수 있다. 그리고 인간에 대한 내용을 온 세대에게 함께 교육할 수 있는 책이 있으면 된다.

그것을 충족하는 책이 성경이다. 성경은 모든 세대가 함께 배울 수 있는 삶의 교과서이다. 누구에게나 다 필요한 책이다. 수천년의 시간이 지난 후에도 동일하게 함께 생각을 나눌 수 있는 책이다. 생각하면 대단한 책이다. 성경을 기초로 삶의 가치관을 정하면 모든 가정이 함께할 수 있다. 성경은 세대를 연결하는 역할을 한다. 성경을 읽어 보면 수천년 전의 사람들이 즐비하다. 얼굴은 모르지만 역사적 실체로 존재했던 아브라함, 모세, 다윗 등 수많은 인물들이 있다. 우리는 성경을 통하여 그 사람들의 생각과 마음을 함께 공유한다. 얼마나 놀라운 일인가? 세대를 연결하는 책으로 성경만 한 책이 없다. 어느 책으로도 세대의 통합을 이루기 어렵다. 각자의 필요성과 관심이 다르기 때문이다. 그러나 성경은 다르다. 성경은 어떤 특별한 사람에게만 필요한 것이 아니다. 모든 사람이 읽고 연구하며 적용할 보물이다. 성경은 시대가 지나도 변하지 않는 영원한 책이다.

유대인들은 토라(구약성경)를 가지고 수천년 동안 함께 생각과 전통을 나누고 소통했다. 이런 면에서 유대인은 어느 민족 못지않게 세대 간의 공동체성이 강하다. 특히 그들에게는 토라를 발전시킨 탈무드라는 책이 있다. 수천 년 동안 내려오면서 만들어진 유대민족의 정신적인 보고다.

성경은 어느 세대로 통합하는 것이 아닌 진리 안에서 통합하는 것을 가르친다. 생각해 보라. 세대의 통합을 무엇으로 이룰 수 있을까? 젊은 세대일까? 중년 세대일까? 아니면 노인 세대일까? 해답이 없다. 오히려 힘겨루기만 계속되고 갈등만 깊어진다. 그것을 하나로 묶어 주는 것은 성경이다. 지금부터라도 성경을 근간으로 삼는다면 이것은 쉽게 이루어질 수 있다. 가정에서 자손 대대로 전수할 수 있는 성경을 가지고 양육한다면 미래에 나라를 통합하는 훌륭한 지도자가 나올 수 있다. 지금이라도 성경을 통해서 세대를 통합하여 교육할 수 있는 탈무드와 같은 국민적 교과서의 개발이 필요하다.

우리는 세대를 통합할 수 있는 성경을 오래전부터 가지고 있다. 우리는 성경을 통하여 수천년 전 성경의 인물들을 만나고 그들과 믿음을 공유한다. 가정에서 성경을 토대로 예배와 교육과 기도와 나눔이 일어난다면 모든 세대가 함께하는 아름다운 사회공동체가 이루어질 것이다. 이것을 위해서 먼저 부모가 자녀들에게 성경을 가르치고 전수하는 일이 일어나야 하고 이것이 다음 세대까지 계속 이어져야 한다.

## 통합 리더십을 키우는 최고의 자리

자녀를 훌륭한 리더로 키우고 싶으면 세대 간의 통합을 잘 이루어 내는 능력을 어릴 때부터 가져야 한다. 유대인들 중에 세계적인 리더가 많이 나오는 것은 그들의 교육방식에 해답이 있다. 그들은 어릴 때부터 삼대에 걸친 가정교육으로 자연스럽게 세대 간의 통합을 이루어 낼 능력을 습득한다. 누구를 만나도 잘 적응하고 세대 간의 단절이 일어나지 않는다. 삼 대가 함께하는 가정교육의 힘이다.

세대통합을 잘 이루어 내는 것은 지식으로 안 된다. 아무리 지능이 좋아도 이것은 별개의 문제다. 책으로 공부해서는 불가능하다. 관계성은 삶과 체험으로, 또 인격으로 이루어지는 것이기 때문이다.

## 가정은 더 없는 세대교육 장소

자녀들이 학교에서 선생님과 관계가 안 좋은 것은 가정에서 제대로 교육이 이루어지지 않았기 때문이다. 부모를 공경하는 사람은 선생님을

유대인 정통 마을 서점에서 유대인과 함께한 필자

공경한다. 그런 사람은 하나님을 공경한다. 이것은 서로 같은 의미를 지니고 있다. 그러나 우리의 학교 현장은 그렇지 못하다. 왜 그럴까? 그것은 가정에서 세대 간의 교육이 잘 이루어지지 않았기 때문이다. 우리 학교에서는 나이 든 교사들을 무시하고 싫어하는 학생들이 많다. 젊은 교사들은 인기가 있지만 나이가 60세 정도 되면 경험과 지혜가 있음에도 별로 인정을 받지 못한다. 왜 그럴까? 학생들과 세대가 너무 멀다고 생각하기 때문이다. 그들은 가까운 세대를 좋아한다.

　　그러나 유대인 학교에서는 랍비가 나이가 너무 적으면 제외된다. 나이가 적으면 경험과 학문과 인격 등 여러 면에서 부족하다고 보기 때문이다. 나이가 지긋한 할아버지 같은 랍비들이 많다. 심지어 유치원에도 할아버지 교사가 있다. 우리는 상상할 수 없는 일이다. 결혼도 하지 않는 젊은 교사들로 가득 차 있는 우리의 유치원 교육과 대조적이다. 어릴 때부터 다양한 세대를 경험하면서 거기서 소통하는 법을 배운다면 나중에 훌륭한 리더가 될 것이다. 사회와 공동체의 통합을 이루는 일을 잘 감당할 것이다.

2009년 보건복지부 보육실태 조사자료에 의하면 0~2세 영유아기 자녀 양육에서 부모 외에 가장 좋은 양육자는 조부모였다. 조부모는 65% 이상으로 가장 높았고 친인척 7%, 놀이방 6%로 그 뒤를 따랐다. 삼 대가 함께하는 가정은 아이들의 관계성이 좋아지고 인격적인 교육에도 효과가 좋다. 요즘은 자녀양육에서 조부모의 역할이 점차 커지고 있는 추세다.

세대가 함께하는 교육은 여러 면에서 유익하다. 인간관계를 배우는 가장 좋은 자리다. 그런데 우리는 어느새 세대를 분리하는 경향이 생겼다. 그것이 결국 우리 사회를 더 힘들게 하고 있다. 옛날에는 가족이 함께 모여 살았다. 할아버지와 아버지와 삼촌과 형제 자매들이 많았다. 그때는 자연스럽게 세대를 이해하면서 살았다. 어릴 때부터 세대교육이 자동으로 되었다. 그러나 지금은 그것을 경험하기 어렵다. 함께 살지 못해도 자주 만나서 삼 세대가 함께 예배를 드리고 가족만의 시간을 가지는 것이 필요하다. 특히 자녀들에게 이런 경험은 매우 중요하다. 교회에서 함께 예배 드리고 교회공동체 생활을 하는 것은 세대를 이해하는 데 도움이 된다. 교회는 다양한 세대들이 함께 하고 있는 좋은 신앙의 훈련 장소다.

그리스도 안에서 서로를 이해하고 사랑하며 복종하고 섬기는 법을 배우는 것은 앞으로 살아가는 데 큰 힘이 된다. 이것을 발전시켜 다른 가족, 다른 민족들과도 함께 공유하고 협력하는 방향으로 나아가야 한다. 이것은 그리스도의 사랑을 전하는 데 좋은 접촉점이 된다. 하나님의 선교사명을 감당하기 위해서는 이런 세대 간의 단절을 해소하는 것은 기본이다. 이것을 해결할 때 문화와 인종과 민족의 차이를 극복할 수 있다. 세대 간의 차이를 극복할 수 없으면 하나되는 일은 불가능하다. 더군다나 모든 열방을 향해 나아가 복음을 전하는 일은 할 수 없다.

## 삼 세대를 넘어서는 더 좋은 세대교육을 꿈꾸라

헬라인이나 야만인이나 유대인이나 이방인이나 그리스도 안에서 모두 하나다. 이것을 이루는 것이 진정 예수님이 원하신 교육의 모습이다. 그리스도인은 궁극적으로 이것을 위해서 교육을 하는 것이다. 그러나 유대인은 그렇지 못하다. 지금도 유대인은 이것을 거부하고 있다. 비록 삼 세대가 함께 예배를 드리고 가정안식일을 지키지만 그것은 유대인만을 위해서다. 이방인과는 별개다. 시작은 좋지만 그림자 상태로 머문 모습이다. 그것은 진정한 복음이 될 수 없다. 이방인과 배타적인 관계를 가지는 유대인 교육은 예수님이 제시한 교육과는 다르다. 비록 좋은 교육원리를 가지고 있지만 그것이 이웃과 세계로 나아가지 못하고 자기 민족에게 머물고 만 유대인 교육의 모습은 매우 안타깝다.

우리는 유대인 교육의 좋은 점을 적용하여 더 나은 교육으로 나아가야 한다. 모두가 함께하는 세대교육으로 교육의 방향을 정하고 한 차원

넓은 모습으로 교육의 그림을 그려야 할 것이다. 세리와 죄인들과 함께 식사를 나누고 이방인과 온 족속으로 제자를 삼았던 예수님처럼 온 세대를 아우르는 모습으로 더 발전한다면 진정한 글로벌 세계의 하나님의 가족이 될 것이다. 이렇게 된다면 유대인 교육을 넘어서는 교육이 될 것이다. 한국이 그런 사명을 감당할 수 있기를 소원한다. 가족과 자녀가 이런 선교적인 역할을 감당하면 아름다울 것이다.

# 가정안식일을 최고의 날로 만들어라

## 휴식에 인간의 가치가 있다

우리 주위에는 인생을 마치 일하기 위해서 태어난 것처럼 오직 일에만 몰두해 있는 사람들이 있다. 그들은 많은 일과 큰 업적을 쌓는 것으로 승부를 걸려고 한다. 누가 많이 일하는가에 따라 능력을 평가하는 경우가 많다. 특히 경쟁이 치열한 현대 사회에서 일은 사람의 중요한 영역이 되었다. 대부분의 사람들은 일에 중독되어 있다. 쉴 줄 모르고 일에만 매어 사는 사람들이 있다. 그러나 창조의 역사는 쉼에서 일어난다. 발명을 하거나 과학적 발견을 하는 사람들은 거의 휴식 속에서 아이디어를 얻었다. 창의력은 일을 통해서가 아니라 오히려 휴식을 통해서 가장 많이 생긴다.

아이작 뉴턴은 우연히 사과나무 밑에서 휴식을 하다가 사과가 떨어지는 것을 보면서 만유인력의 법칙을 발견했다. 아르키메데스는 목욕탕에서 목욕을 하려고 하다가 자기가 욕탕에 들어가자 물이 흘러 넘치는 것을 보고 부력의 원리를 발견했다. 문제가 잘 안 풀릴 때는 휴식처럼 좋은 방법이 없다. 화가, 음악가, 과학자들이 영감과 착상을 얻는 것은 열심히

**222**

일을 하거나 작업을 할 때가 아니다. 잠시 손을 놓고 휴식을 할 때다. 인생도 마찬가지이다. 잠시 쉼을 갖는 그 시간은 앞으로 어디를 향해 나아가야 하는지를 알려주는 새로운 방향키를 잡는 순간이다.

영재성은 얼마나 휴식을 잘 하는냐에 달려 있다. 휴식을 잘 하는 것은 교육에서 중요한 부분이다. 정말 공부 잘하는 사람을 보면 노는 것도 잘한다. 공부만 계속하는 사람은 정말 공부를 잘할 수는 없다. 잘 쉴 수 있는 사람이 공부에도 탁월한 사람이 된다. 일하는 공부가 아닌 휴식하는 공부도 배워야 한다.

그런데 우리에게는 이런 휴식공부가 거의 없다. 휴식은 인생의 후퇴라고 생각하며 좀처럼 휴식하지 않는 사람들이 많다. 갑자기 과로로 죽거나 생각지 않은 큰 병을 얻게 되는 사람을 보면 대체적으로 휴식에 무관심한 사람들이다. 어릴 때부터 일하는 것만 배우지 말고 안식하는 법을 터득해야 한다. 그냥 무료하게 시간을 보내는 것은 오히려 짜증 난다. 이것은 안식하는 법을 제대로 배우지 못했기 때문이다. 안식은 어쩌다 쉬는 것이 아닌 일상생활에서 누리는 정기적인 또 하나의 삶이 되어야 한다. 이것은 어릴 때 교육을 통해서 일상화될 수 있다.

세계 최고 부자인 빌 게이츠는 1년에 두 번씩 일주일 간 은둔해 이른바 '생각주간(Thank Week)'을 가진다. 이 기간 동안 그는 하루 두 차례 음식 배달하는 사람만 그가 머무는 호숫가의 오두막에 온다. 빌 게이츠는 이렇게 홀로 있는 시간을 통해 영감을 얻어 마이크로소프트의 미래 경영의 전략을 짜고 구상한다. 위대한 사람들을 보면 휴식의 중요성을 잘 알고 그것을 실천한 사람들이다.

유대인은 다른 민족에 비해서 창의력이 높다. 왜 그럴까? 그것은 휴식을 잘 하기 때문이다. 유대인에게는 수천년 동안 자손 대대로 내려온 그들 나름의 휴식 노하우가 있다. 탈무드에 보면 "인간의 가치는 그 사람이 휴일을 어떻게 보내느냐에 따라 결정된다"고 나와 있다. 이것은 유대인의 휴식에 대한 이해를 잘 표현한 내용이다. 만약 인간이 휴식을 하지 못하면 점차 인간의 가치를 잃게 되는 상황이 온다. 소처럼 일만 하는 존재가 된다. 아무 생각 없이 그저 기계와 동물과 같이 일만 하는 사람은 인생의 가치를 잃어버린 사람이다.

쉬지 않고 계속 일만 하는 이유는 인간의 탐욕 때문이다. 오직 자기만 알고 다른 사람을 배려하지 못할 때 이런 현상이 일어난다. 내가 쉴 때 다른 사람도 쉴 수 있다. 주인이 쉬면 노비도 쉰다. 원래 사람은 휴식하면서 살도록 창조되었다. 그런데 어느 순간에 인간이 타락함으로 그만 휴식을 잃어버렸다. 휴식은 죄와 욕심을 이기는 좋은 방법이다.

## 유대인과 가정안식일 교육

유대인의 안식일은 2천 년 동안 나라 잃은 유랑민으로 방랑하면서도 유대인의 자기 정체성을 보존할 수 있게 해준 가장 견고한 안전장치였다. 안식일은 유대인에게 있어서 수호천사와 같다. 수많은 고난 속에서도 유대인이 이렇게 생존할 수 있었던 이유 중 하나로 유대인은 안식일을 드는 것을 주저하지 않는다. 유대인이 안식을 지켰다기보다는 안식일이 유대인을 지켜왔다고 말하는 것도 이런 이유 때문이다. 유대인에게 안식일은 가정 단위로 의식이 행해지는 유일한 축제일이며, 또한 가장 짧은 주기로 반복되는 축제일이다. 이때 가정은 공동체와 개인을 연결시켜 주는 매우 확실한 중개자가 된다.

유대인 가정안식일 식탁

칠 일에 하나님이 안식했다는 것은 하나님께서 그때까지 해오셨던 창조 사역을 제7일에는 '멈추셨다'(cease, stop)는 뜻이다. 이것이 히브리어 '샤바트'의 일차적 의미이다. '쉬다' 혹은 '안식하다'(rest)는 개념은 이차적인 의미이다. 즉 안식일을 지킨다는 것은 인간의 일을 잠시 멈추고 하나님을 향하는 구별된 시간을 가진다는 뜻이다. 안식일은 노는 날이 아닌 거룩한 날이다.

유대인의 안식일은 금요일 저녁 6시부터 시작되어 다음 날 토요일로 이어진다. 안식일이 되면 점심 때까지만 해도 밥을 먹던 테이블이 저녁에 제단으로 바뀐다.

안식일 전날 해가 지면 경건한 유대인들은 가정에 모여 몸과 마음을 깨끗이 한 후 특별히 준비된 안식일 옷과 모자를 착용하고 가족들과 함께 촛불을 밝힌다. 가장은 손을 씻은 후 테이블에다 안식일 빵이라 불리는 할라(Halla)라고 하는 빵을 두 조각 놓는다. 이것은 성전에서 금으로 덮어 만든 테이블 위에 떡을 두 줄로 놓아 두었던 것을 상징한다. 그리고 그곳에서 토라(하나님의 말씀)를 함께 나눈다. 안식일 빵을 나누어주며 출애굽을 기억하는 키두쉬(Kiddush)라 불리는 의식을 행한다. 성전의 성가대를 대신해서 상을 둘러싸고 가족들이 찬양을 한다.

다음 날 안식일 오전에는 가족들과 함께 회당 예배에 참석한 후 오후에는 가정에 모여 토라에 대해 연구하며 토론하는 시간을 가진다. 회당에서 아침 예배를 드릴 때 토라의 한 부분이 낭독되고 찬송이 이어진다. 〈시편〉도 안식일 날 예배의 한 부분을 차지한다. 안식일 아침 예배를 드리는 동안 그 전 주일에 13번째 생일을 맞은 유대인 소년은 관례에 따라 바르 미츠바(종교적 성년식)를 치르며, 찬송을 한다. 일몰이 가까워 오면 안식일을 마감한다.

유대인들은 성전이 무너진 후 가정이 성전을 대신하는 곳이 되었다. 그래서 유대인은 가정을 '작은 성전' 또는 '축소된 성전'이라고 부른다.


## 유대 민족을 강하게 만든 비결

유대인을 강하게 만드는 비밀 중 하나는 그들의 시간 활용법에 있다. 역사상 세계의 거의 모든 민족은 토지나 자연과 같은 '공간'을 지배하는 데에만 노력해 왔다. 하지만 유대인은 '시간'을 신성하게 여겼고, 그들의 시간 활용 능력은 아주 뛰어나다. 유대인들은 일찍이 안식일을 중심으로 하여 안식년, 희년 그리고 유월절, 오순절, 장막절 등의 절기를 통하여 가정과 백성들이 한자리에 모여 한 공동체를 경험하면서 하나님에 대한 신앙을 지켜 왔다. 그들은 하나님이 주신 시간을 거룩하게 만드는 법을 일찍 터득했다. 특히 안식일을 가장 중요한 시간으로 매 주간 적용하는 민

안식일 식탁의 빵과 초와 포도주

안식일에 금지되는 일들

족은 세계에 유대인밖에 없다. 안식일을 지키는 것이 무서울 정도로 철저한 것은 이미 알려진 이야기다.

유대인들에게 안식일을 지키는 것은 생명과도 같은 것이다. 특히 우리들의 시간과 다르게 그들의 하루는 저녁부터 시작하여 다음 날 아침으로 이어져 저녁 전까지를 하루로 정하고 있다. 저녁을 시작으로 삼는 민족은 유대인밖에 없다. 이것은 성경에 기록된 "저녁이 되며 아침이 되니"라는 천지 창조의 말씀을 그대로 삶에 적용한 것이다. 그리고 유대인들은 "왜 하나님이 작업을 완전히 끝내지 않고 남겨 두었을까?"에 대해, 그것은 인간으로 하여금 하나님의 창조사역에 함께 참여하게 하기 위함이라고 생각한다. 하나님은 인간에게 안식일을 선물로 줌으로써 더 나은 창조 작업을 인간이 계속 이어가기를 원했다고 본다.

이들은 안식일을 철저히 창조의 시간으로 생각하면서 모든 일을 그치고 철저히 안식일을 지킨다. 어떻게 보면 너무 율법적으로 지키는 측면이 있지만 그것이 유대인만이 가지는 교육적 저력을 생산하는 근원이기도 하다. 탈무드는 "하나님은 안식일마다 우리 인간에게 혼을 불어넣어 주신다"라고 가르치고 있다. 안식이야말로 하나님으로부터 영감과 지혜를 부여받는 길이라고 생각하는 정신은 우리가 본받아야 한다. 그들은 안식일을 통해 하나님으로부터 영감을 받아 일주일을 시작한다. 내 힘으로가 아닌 하나님이 주신 힘으로 한 주간을 산다는 의미가 있다.

## 오늘의 안식일 의미

안식일은 크게 두 가지 의미를 지니고 있다. 첫째는 육신적인 안식이다. 육체가 일에서 해방되어 하루를 쉬면서 피로를 회복해야 한다. 그래야 우리 육신은 건강을 유지하면서 계속적인 활동을 할 수 있다. 둘째는 영적인 안식이다. 우리의 영혼이 하나님을 향하여 안식을 얻어야 한다. 하나님께 예배하고 하나님의 말씀을 들으면서 찬송하고 기도하는 삶을 사는 것이 우리 영혼의 안식이다. 우리의 마음은 하나님 안에 있을 때 비로소 참된 휴식을 얻을 수 있다.

현재 우리들은 안식일을 주일로 지키고 있다. 구약의 율법에서는 안식일이 일주일의 마지막 날이었지만 신약의 은혜의 시각으로 보면 일주일의 첫날이다. 지금 우리들이 지키고 있는 주일은 한 주간의 첫날이다. 안식일의 성경적인 의미는 기쁨과 은혜의 시작이지 괴로움과 노동의 시작이 아니다. 인간의 삶은 휴식으로 시작하는 것이지 노동으로 시작하는 것이 아니다. 일하면서 쉬는 것과 쉼을 통하여 일하는 것은 전혀 다르다. 하나님으로부터 힘을 얻고 일주일을 시작하는 주일의 새로운 인식은 삶

안식일에 마을 회당 앞에 모인 유대인 가족들        한가한 안식일 거리와 회당 예배에 참석하는 한 남자

의 성공에 절대적이다. 모든 것은 쉼에서 시작되어야 한다. 안식에서 노동이 나온다. 그래야 사는 것이 즐겁고 일의 효과도 좋다. 가장 좋은 안식은 하나님이다. 하나님에게서 인생이 출발해야 한다. 안식일에 하나님을 만나고 한 주간을 시작하면 힘이 난다.

안식일과 휴일은 개념이 다르다. 휴일은 육신적인 즐거움을 얻는 날이지만 안식일은 하나님 안에서 즐거움과 휴식을 얻는 날이다. 우리는 안식일을 통해 우리의 가치를 다시 찾고 하나님 안에서 거룩한 제사장으로서 자긍심을 갖는다. 안식일은 모두가 하나님의 자녀가 되는 날이다. 그리고 영원한 주님의 날을 기다리는 희망의 날이기도 하다. 비록 힘든 세상일지라도 이날을 통해 다시 꿈을 꾸며 인생을 새롭게 계획하게 된다. 하나님이 우리와 함께함을 다시 느끼는 소중한 날이다. 생각해 보면 일주일 중 이보다 더 중요한 날은 없다. 천국의 날을 재현하는 것으로 우리는 이날을 통해 하니님나라를 간절히 소망한다. 세상의 일에서 잠시 벗어나 하나님의 일을 생각하며 그 일을 경험하는 시간이다. 주일과 가정안식일을 통해 점차 하나님 앞으로 다가서는 연습을 하는 것이다.

# 가정안식일을 가정에 적용하라

주 5일 근무가 정착되고 있는 우리에게 이제는 휴일이 이틀이 된다. 이것을 어떻게 가정과 자녀교육에 적용하면 좋을까? 토요일은 가족과 같이 보내는 가정안식일로 보내고 주일은 교회공동체와 함께하는 안식의 시간으로 보내면 좋을 것이다. 토요일 시간이 여의치 않을 경우는 주일 중 저녁 시간을 가정안식일로 정하여 주일 하루를 온전히 안식일로 보내는 것도 생각해 볼 수 있다. 중요한 것은 안식일을 기억하여 지키는 것을 교육의 중요한 원리로 이해하는 것이다. 가능한 가정안식일을 활성화하여 가정교육의 장으로 삼으면 이보다 더 좋은 교육은 없다.

가정안식일은 아버지가 제사장 역할을 하면서 가정을 성소로 만드는 시간이다. 또한 말씀을 배우고 기도하고 예배하고 함께 가족 간의 우애를 다지는 이 시간은 하나님의 영을 부여받는 영재교육의 통합을 이루는 핵심적인 시간이다. 이 시간만이라도 가정에 잘 정착하면 대부분의 자녀 문제는 쉽게 해결된다. 이야기를 통해 하나님의 말씀을 배우고 질문과 토의와 대화를 통해 서로의 고민과 생각들을 나누면 자연스럽게 부모와 자녀 상담이 되고 아울러 영재교육이 저절로 이루어질 것이다.

유대인들이 해학을 삶 속에서 즐겼듯이 가능하면 유머와 게임과 놀이도 같이 할 수 있으면 좋다. 풍성한 저녁 식사를 준비하여 가족과 같이 한다면 가정이 곧 교회가 되는 축복이 임할 것이다. 이렇게 가정안식일을 지킨다면 하나님은 가정에 복을 풍성하게 내려주실 것이다. 가정안식일만 잘 이루어진다면 주일에 교회에서 드리는 예배와 봉사도 훨씬 풍성해

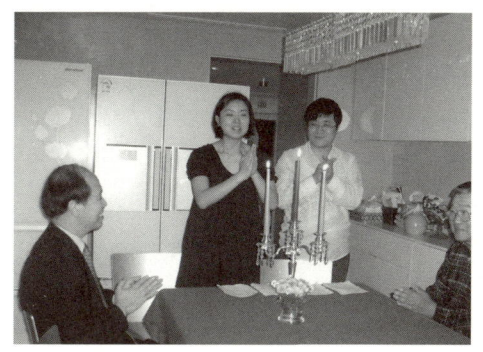
삼 대가 함께 가정안식일을 지키는 가정

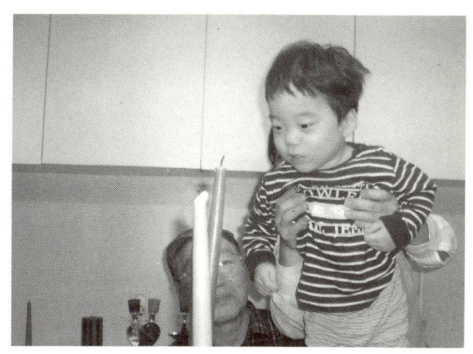
할머니에게 안겨 가정안식일 촛불을 끄는 자녀

질 것이다.

필자는 이와 같은 가정안식일의 필요성을 깨닫고 우리 가정에서 수년 전부터 시행하고 있다. 이것은 이전에 행하던 의식적인 가정예배와는 개념이 다르다. 유대인 가정안식일의 모습을 응용한 것으로, 저녁 6시 이후 시간이 여기에 해당된다. 가정안식일을 통해 예배와 성경공부와 기도와 중보기도, 찬양과 나눔과 대화가 통합적으로 이루어지고 이를 통해 가정의 화목은 저절로 이루어진다. 자녀가 부모를 위해서 간절히 기도하는 때는 부모로서 가장 힘을 얻는 순간이다. 자녀가 부모에게 기도와 대화를 통해 격려하는 것 또한 놀라운 경험이다. 이 모든 것이 가정안식일을 통해 자연스럽게 일어나는 모습들이다. 물론 가정안식일의 저녁 식사는 일주일 중 최고의 식사로 준비하고 있다. 온 가족이 가장 기다려지는 날로 특별히 배려한 것이다. 물론 다른 친구들과 약속을 잡지 않고 이 언약의 시간을 온 가족이 최우선으로 삼고 있다.

이것을 오랫동안 시행해 오면서 가정안식일을 통한 자녀교육은 최상의 교육임을 실제 경험하고 있다. 자녀들 역시 행복해 하고 자녀에게 주

가정안식일에 외국인 친구와 성경공부를 하고 있는 필자의 가정

신 하나님의 놀라운 축복과 기적도 열거할 수 없을 정도로 많이 받았다. 분명 가정안식일을 통해 주신 하나님의 특별한 은혜라 생각된다. 때로는 가족을 넘어 이웃을 초대해서 함께 가정안식일을 가질 수도 있다. 우리 가족이 1년 동안 이웃에 살던 외국인 친구들을 초대해서 가정안식일을 지킨 일은 지금도 잊을 수 없는 특별한 경험이었다.

다른 가정에서도 이것이 정착되어 가정안식일을 통해 가정을 성소로 만드는 가정교회와 하나님의 영감을 받는 자녀교육이 함께 이루어지는 가정영재학교를 꿈꾸어 본다.

## • 원리 10 •

# 평생 즐겁게 배우고 익혀라

## 유대인의 평생교육

유대인의 격언집인 『선조들의 어록』에 보면 다음과 같은 연령별 교육 내용이 나온다.

"유대인은 누구든지 일생을 가르쳐야 한다. 먼저 5세 때는 토라를 가르치고, 10세 때는 미쉬나, 13세 때는 계명들, 15세 때는 탈무드를 가르친다. 20대는 직업을 찾고, 30대는 세상을 움직일 힘을 갖고, 40대는 선생의 총명, 50대는 지도력, 60대는 다음 세대에 위임할 수 있도록 반복해서 교육하라."

유대인은 인생 전체가 배움과 연결되어 있다. 유대인은 인생이 다하는 순간까지 다음 세대를 위해서 교육하는 일을 한다. 나이가 든 노인들이 다음 세대인 어린 손자들을 가르친다면 얼마나 아름다울까? 이렇게 되면 존경받는 아름다운 노인이 될 것이다.

유대인의 전 생애에 걸친 교육 모습은 지금까지 유대인을 이끄는 원동력이 되고 있다. 유대인 속담에 보면 "20년 걸려 배운 것을 2년에 잊어

평생 공부하는 유대인들

버린다"는 말이 있다. 20년 걸쳐 공부했다 해도 2년을 쉬면 안 된다는 의미이다. 공부는 평생 하는 일이다.

유대인은 평생 공부하는 민족으로 유명하다. 어느 한 기간만 공부하는 것이 아닌 죽는 순간까지 공부한다. 이스라엘에 가보면 어린이부터 어른에 이르기까지 책을 손에서 놓지 않고 탈무드를 공부하는 장면을 흔히 볼 수 있다. 공부에는 졸업이 없다. 이런 분위기가 온 국민을 책의 민족으로 만들었다.

유대인은 책을 좋아하고 평생 동안 공부하며 책을 가까이 한다. 따라서 두뇌가 발달하고 머리가 좋은 것은 당연하다. 우리는 어떤가? 학교를 졸업하면 공부는 그만이라고 생각한다. 이런 사고가 바뀌지 않으면 두뇌는 좋아지지 않는다. 유대인이 두뇌가 좋은 것은 부모와 교사의 두뇌가 탁월하기 때문이다. 유대인 사회는 이런 어른들이 즐비하다. 평생교육 구조 속에서 머리가 대물림되고 계속적으로 새로운 천재를 만들어 낸다. 우리는 자녀만 공부하고 부모는 공부를 하지 않는다. 공부하는 부모에게서 공부하는 자녀가 나온다. 평생 한다는 생각으로 공부하면 누구나 머리가 좋아질 수 있다.

"사람은 평생 동안 배우게끔 만들어진 존재다." 이것이 유대인들이 가진 기본적인 생각이다. 아무리 탁월한 사람이라도 배움을 중단하면 그 순간 그동안 배운 것을 다 잃게 된다. 유대인들은 배우기를 중단하는 것은 곧 죽음이라고 생각한다. 평생 동안 하는 생애교육이 유대인을 머리 좋은 백성으로 만들었다. 이렇게 수천년 동안 이어온 유대인의 교육은 어느 민족도 쉽게 따라갈 수 없는 그들만의 두뇌 계발 노하우다.

## 평생 삶을 가르치는 교육

교육은 평생 과제이다. 인간의 변화는 단기간에 이루어지는 것이 아닌 일생을 통해 이루어진다. 그러므로 교육은 죽는 순간까지 지속적으로 이루어야 할 일이다. 그런데 지금 우리의 교육은 평생 교육이 아닌 단기적인 교육에 머물고 있다. 일상적 삶 속에 교육이 미치지 못하고 있다. 평생교육에 대한 공감대가 많이 부족하다. 우리 교육은 평생 이어질 수 있는 구조가 아니다. 예를 들면 유치원에서 대학교까지 20년 동안 교육을 마친 후에는 더 이상 교육이 이루어지지 않는다. 그리고 20년 동안 이루어지는 학교교육은 인간성에 대한 교육이 아니기에 실제 삶에 적용이 잘 안 된다. 지금도 삶의 고통과 실패 속에서 좌절감과 아픔과 절망을 해결하지 못한 채, 많은 사람들이 스스로 목숨을 포기하는 일들이 속출하고 있다. 많은 교육을 받고 높은 학력을 가진 성공한 사람들이 한 번의 실패에 무력하게 무너져 인생을 포기하는 경우가 얼마나 많은가. 이것만 보아도 지금 우리 교육의 문제와 한계가 무엇인지 짐작할 수 있다.

우리나라 20~30대 자살률은 세계에서 1위다. 이것은 무엇을 의미하는가? 인간에 대한 교육이 잘 이루어지지 않았다는 것을 반증한다. 인생의 문제에 대한 해답을 주지 못하는 교육을 했기 때문이다. 단기간의 교육으로 평생을 승부하려는 잘못된 사회 분위기를 바꾸어야 한다. 평생 동

노인들이 참여하는 탈무드학교

안 도와주고 죽음까지 함께 가는 교육 시스템이 필요하다. 학교를 졸업한 후에도 계속 공부하며 교육받을 수 있는 과정이 있어야 한다. 한 번의 성공이 영원한 성공이 될 수 없다. 지속적인 성공을 도와주는 평생교육이 하루 빨리 자리 잡아야 하는데 그 것이 쉽지 않다. 교육과 공부는 학교에서만 하는 것이 아니다. 교육은 모든 곳에서 매순간 해야 하는 평생의 일이다.

평생교육은 나이 들어서 하는 것이 아닌 어릴 때부터 시작해야 한다. 평생 동안 고민하고 씨름해야 할 인간 이해와 본질적인 공부를 평생 이어지게 하기 위해서는 어릴 때 기초를 세우는 것이 중요하다. 이런 교육이 되면 학교를 졸업하고 삶의 현장에 나와서도 영향력을 발휘하며 삶의 변화에 원동력을 준다. 좋은 교육은 인간의 삶에 대해 배우게 하고 그 배움이 평생 이어지도록 해주는 것이다.

인간은 누구나 죽는다. 그것은 곧 죽음에 대한 교육까지 필요함을 의미한다. 인간은 어떻게 아름답게 죽어야 하는지, 죽은 이후의 삶은 무엇인지, 모든 인간에게 마땅히 가르쳐야 한다. 이것은 나이 든 후가 아닌 오히려 어릴 때부터 교육해야 할 내용이다. 왜냐하면 죽음은 순서대로 찾아오는 것이 아니기 때문이다.

## 전 생애 교육과정을 만들라

교육은 인간의 전 생애의 그림을 그리고 나가는 것이다. 그러나 실제 우리의 교육은 그렇게 짜여진 교육과정이 아니다. 어느 정도 과정을 마치면 폐기 처분되는 그런 교육과정이다. 그것은 인간적인 측면보다 기능적인 교육에 그쳤기 때문이다. 인간을 만드는 교육은 인간의 전 삶의 과정을 이해하고 그것을 돕는 교육이다. 태어나면서부터 죽음에 이르기까지 계속되는 전 과정을 학교로 이해해야 한다. 이것을 위해서는 아이가 태어날 때부터 장기적인 교육과정을 염두에 두고 교육이 준비되어야 할 것이다.

이런 교육과정을 전 국민적으로 계몽하고 특히 가정에서부터 실천되도록 국가와 학교가 적극 돕는다면 좋을 것이다. 예를 들면 연령별 단계에 따라 '태아기 학교' (모태에서의 형성과정), '유아기 학교', '소년기 학교', '청소년기 학교', '청년기 학교', '장년기 학교', '노년기 학교' 등으로 교육과정을 설정할 수 있다. 가능하면 '노년기 학교' 다음에는 죽음까지 준비하도록 돕는 '죽음 학교' 까지 교육할 수 있다. 모든 사람은 이런 과정을 통하여 교육에 참여하고 국가가 이런 교육이 시행되도록 도움을 주어야 할 것이다.

현재 우리나라의 교육을 주관하는 교육부는 유·초·중·고·대학교 정도에서 교육과정을 제한하고 있다. 아직 평생교육에까지 이르지 못하고 있다. 이것은 교육의 의미를 잘 이해하지 못한 처사다. 교육은 평생 이어져야 하는데 그런 평생교육 시스템이 이루어지지 못하고 있다. 평생

교육 시스템을 문화센터나 대학 등에서 실시하고 있지만 취미, 건강, 자기계발, 취업교육 정도에 머물고 있다. 이것이 더 확산되어 죽음의 단계까지 전 인간의 삶을 대상으로 교육하면 좋을 것이다. 예를 들면 인생에서 실패했을 때, 좌절하고 문제에 부딪혔을 때, 새로운 창업을 하려고 할 때 노후에 새로운 인생을 시작할 때 등등, 인생에서 교육이 필요할 때는 너무나 많다. 이런 교육은 실제적인 삶에 도움을 준다. 교육은 20대뿐 아니라 중년기와 노년기에도 필요하다. 아무리 젊은 시기에 성공해도 노년기에 실패하면 그 인생은 실패한 것이다. 그것은 인생의 전반전만 교육하고 후반전은 교육하지 않는 것과 같다.

우리나라는 아직 평생교육이 정착되지 않았다. 회사원은 주 5일 근무로 이틀을 쉰다. 공무원인 경우는 오후 6시면 퇴근한다. 그들은 그 이후 시간을 어떻게 보낼까? 계속 공부하는 사람이 얼마나 될까? 이전보다 많이 나아졌지만 학교를 졸업한 사람이 계속 공부한다는 것은 아직은 어색한 풍경이다. 오히려 여행을 가거나 쉬면서 시간을 보내는 경우가 많다.


## 이스라엘의 평생교육 과정

이스라엘의 관공서나 은행 등은 아침 8시에 문을 열고 낮 12시 30분이면 닫는다. 그 남은 시간에 무엇을 할까? 그들은 각자 자기 영역에서 배우는 시간으로 활용한다. 자기 연구소나 사무실에서 공부하는 모습을 많이 볼 수 있다.

예시바는 유대인들의 학교다. 예시바란 '앉는다' 라는 뜻으로 책상머리에 앉아 있는 사람을 의미한다. 어린이나 학생들을 위한 예시바 학교도 있지만 성인들을 위한 예시바 학교도 있다. 이들 교육의 특징은 입학이나 졸업이나 수료증이 없다. 학위도 없다. 그들은 학위를 위해서가 아니라 공부를 위해서 공부한다. 우리는 학위가 공부보다 더 중

예시바 학교에서 탈무드를 즐겁게 공부하는 성인들

요하다. 아무리 공부를 잘하고 그 분야에서 인정을 받아도 학위가 없으면 무시하는 경향이 많다. 유대인 학교는 10년 동안 인내를 가지고 공부하면 전문성을 인정한다. 랍비(책임자)가 인정하면 그것으로 과정을 이수한 것이 된다. 우리는 공부 자체보다는 학위를 따기 위해서 공부하는 경우가 많지만 유대인들은 학위보다는 과정을 더 중요하게 생각한다. 이들은 수료증을 따기 위해서 공부하는 사람이 아니고 그저 공부가 좋아서 하는 사람들이다.

예시바는 어느 때든지 들어가서 공부할 수 있는 평생학교다. 기숙사도 준비되어 있다. 자기가 연구한 것을 서로 나누는 이러한 교육과정은 유대인들만이 가지고 있는 평생교육 시스템이다. 그들에게는 평생 공부할 수 있는 토라와 탈무드가 있기에 가능하다. 이것은 누구든지 평생 동안 공통적으로 함께 공부할 수 있는 국민 교과서이다. 이런 교육 인프라가 유대인을 계속적으로 세계적 교육 강국으로 만들고 있는 것이다.

## 평생 배우는 성경학교

　필자는 오래전부터 성경학교인 '엔크리스토 성경대학'을 지속적으로 운영해 오고 있다. 평생 동안 할 수 있는 성경학교다. 다른 공부는 평생 하기 어렵다. 또 반복이 안 된다. 그렇게 인생을 끝까지 걸 만한 공부가 되지 못하기 때문이다. 그러나 성경은 죽는 순간까지도 계속 공부할 수 있는 책이다. 평생 공부할 수 있는 책이다.

　성경대학은 처음에는 다른 사람의 요구에 의해 시작이 되었지만 지금은 오히려 필자를 위해 운영하고 있다. 매년 쉬지 않고 참여하고 있다. 매주 월요일이면 목회자와 신학생들과 평신도들이 함께 모여서 성경을 공부한다. 모두들 행복해 한다. 말씀을 공부하는 것 자체가 세상에서 가장 행복한 시간임을 참여하는 사람들이 경험하고 있다. 무슨 졸업장이나 다른 목적을 위해서가 아니라 자신을 위해서 하는 것이기에 공부가 즐겁다.

　일 년에 네 학기를 한다. 봄학기, 여름학기, 가을학기, 겨울학기로 거의 쉬지 않고 진행된다. 지금까지 많은 사람들이 참여했다. 매년마다, 혹은 수년마다 사람이 바뀌지만, 빠지지 않고 10년 가까이 계속 참여하는 사람도 있다. 이곳은 평생 동안 성경을 공부하자는 취지에서 시작한 성경학교다. 쉬다가도 언제든지 다시 들어올 수 있으므로 여러 가지 여건으로 인해 잠시 쉬었다가 다시 와서 공부하는 사람들도 있다. 일종의 말씀의 충전소와 같은 곳이다. 물론 입학도 졸업도 수료증도 없다. 평생 공부하는 사람에게는 이런 것들은 의미가 없기 때문이다. 매년 구약, 신약 66권 중 한 권을 선택하여 공부해 나가고 있다. 1년에 네 권을 공부하면 15년

엔크리스토 평생 성경학교에 참여하고 있는 성인들과 성경을 가르치는 필자

정도 걸린다. 그래도 성경을 다 공부하려면 힘들다.

　이 학교가 평생 동안 지속되기를 소원하고 있다. 죽는 순간까지 주의 말씀을 배우고 실천하다가 주님의 부름을 받는다면 얼마나 행복할까. 언제든지, 누구든지 와서 성경을 자유롭게 공부할 수 있는 이런 평생 열린 성경학교가 지역마다 더 많은 곳에 생겼으면 하는 바람이다.


## 평생학교에 입학하라

　지금부터라도 평생 동안 공부하는 계획을 세우면 어떨까? 분명히 과거 학교에서 공부했던 것과는 다른 느낌일 것이다. 이것은 집에서도 가능하다. 책을 선택하여 가족이 모여 공부를 한다면 평생 공부하는 가정이 될 것이다. 가정이 공부하는 분위기가 되어서 좋고 자녀에게도 공부 습관을 키워 주기에 유익하다. 어릴 때부터 자녀에게 공부가 즐겁다는 인식을 심어 주면 점차 공부하는 환경이 조성되면서 가정에 공부가 자리 잡게 될 것이다.

탈무드에 이런 말이 있다.

"머리가 비어 있는 사람은 죄를 두려워할 줄 모르고 무식한 사람은 경건할 수 없으며 수줍어하는 사람은 배울 수 없고 사업에 지나치게 열중하는 사람은 현명해질 수 없다."

사람은 쉬지 않고 공부할 때만이 자기 영역에서 지속적으로 탁월한 능력을 발휘할 수 있다. 그리고 하나님의 사랑을 실천할 수 있다. 사람은 공부를 쉬면 단단한 길가처럼 되어 강퍅해지기 쉽다. 그때는 어떤 말씀의 씨앗도 심겨지지 않는다. 말씀공부를 통해 마음을 갈아엎는 작업을 지속한다면 언젠가는 옥토가 될 것이다. 그리고 나에게도 많은 열매가 맺힐 것이다.

## ● 예즈덤 영재교육의 5W 1H ●

—누가: 부모가 주도하고 교회가 도와주라.

—언제: 어릴 때 시작하라. 평생하라.

—어디서: 가정이 중심이 되라.

—무엇을: 인성을 인생의 기초로 하라. 나만의 개성을 살려라.

—어떻게: 성경으로 뿌리를 내려라.

　　　　　질문과 대화로 하라.

　　　　　가정안식일을 활용하라.

　　　　　삼 대가 함께하라.

　　　　　즐거운 마음으로 평생 배워라.

—왜: 사랑의 사람을 만들어라.

# 특명: 무너져 가는 가정과
# 다음 세대를 살려라

성경학 박사 과정의 마지막 학기 수강 과목 중에 '산상수훈 세미나'가 있었다. 나는 이 과목을 통해 그동안 피상적으로 알았던 예수님의 산상수훈을 집중적으로 연구할 수 있었다. 세미나에서 오랫동안 산상수훈을 연구하신 훌륭하신 교수님과 학우들과 함께 한 발제와 토의와 강의는 나에게 귀한 시간으로 다가왔고 지금까지 그 여운이 계속되고 있다. 그것은 내가 수년 동안 가정과 교회교육 대안으로 유대인 교육에 관심을 갖고 연구하고 있었는데, 여전히 풀리지 않는 문제에 대한 분명한 답을 예수님의 가르침을 통해 제공받았기 때문이다. 그리고 이 책을 정리하는 데 산상수훈의 가르침은 많은 도전과 그동안의 갈증을 해소해 주었다. 마치 필자를 위해 과목이 개설된 것 같은 느낌을 받았다. 예수님의 가르침을 중심으로 예즈덤교육을 정리하는 데 좋은 지침을 얻었다.

유대인 교육은 수천년 동안 토라를 중심으로 구전들을 모아 정리한 탈무드가 그 중심에 있다. 그것으로 유대인은 교육 민족으로 거듭났고 그 결과 지금까지 세계적인 영향력을 끼치고 있다. 하지만 그들에게 한 가지 큰 약점은 복음이 없다는 점이다. 아무리 좋은 교육을 지향하고 결과가 탁월하게 나타난다 해도 아직 진리에 이르지 못했다면 그것은 교육의 목표를 이루지 못한 진행형 상태다. 유대인은 토라의 핵심을 그리스도로 보지 못하는 큰 실수를 범하고 있다. 그들은 신약 성경을 인정하지 않고 구약 성경만 경전으로 삼고 있다. 여전히 그림자만 붙잡고 아직 실체를 만나지 못하고 있는 것이다.

이런 점에서 유대인 교육은 방법론에서는 탁월하지만 내용에서는 많은 문제가 있다. 마치 세상 교육이 기능 면에서는 대단한 방법들을 가지고 있지만 마지막은 허무하게 마치는 것과 같다. 아무리 교육을 잘 받아 세상에서 잘된다 해도 진리인 그리스도를 만나지 못했다면 그 인생은 아무 의미가 없다.


예수님은 산상수훈을 통해 제자들에게 "서기관들과 바리새인보다 더 나은 의를 이루지 못하면 결단코 천국에 들어가지 못할 것이라" 말씀하셨다. 그리고 유대인들이 생각한 율법보다 더 나은 의에 이르는 길을 제시하셨다. 예즈덤영재교육은 기존의 유대인 교육을 넘어선 더 나은 교육의 내용과 방법을 예수님의 가르침에 의거하여 제시하고 있다. 비록 수천년의 노하우를 통해 터득되고 형성된 유대인 탈무드 교육에 비하면 아직 시작에 불과하지만, 성경의 핵심인 예수님의 가르침을 붙잡았다는 점에서 어떤 유대인 랍비보다 탁월한 교육이 될 수 있음을 확신한다.

예즈덤영재교육 역시 예수님이 말씀하셨던 것처럼 율법을 폐하는 것이 아닌 완성한다는 가르침에 따른다. 유대인의 좋은 전통인 탈무드 교육법을 폐하기보다는 그것을 발전시키고 완성해 가는 측면에서 원리와 방법론에 많은 빚을 지고 있다. 그러면서도 유대인 교육보다 더 나은 교육으로 나아가고자 하는 목표를 갖고 있다. 언젠가는 우리도 유대인을 능가하는 교육구조를 가지고 실생활에 적용할 수 있을 것이다. 예즈덤영재교육은 구약의 가르침을 예수님의 가르침 속에서 해석되도록 방향을 정한다. 이것을 위해서 복음서 가르침에 가능한 집중하면서, 궁극적으로는 유대인 교육이 아닌 예수님께서 의도하신 교육원리를 찾아가는 데 목적이 있다.

예즈덤영재교육이 위기에 처한 한국교회와 다음 세대를 세우며 가정을 회복하는 데 기여하기를 기도한다. 사사시대에 자녀교육을 실패함으로 이스라엘이 무너진 역사적 교훈을 우리는 기억한다. 그리고 포로에서 귀환했음에도 느헤미야 시대에는 자녀들이 히브리 방언을 하지 못할 정도로 가정교육이 위기에 처해 이스라엘은 결국 패망하게 된다. 50년 전 유럽 교회가 부흥했던 시절이 있었지만 그들 역시 자녀에게 성경을 가르치지 않고 다음 세대를 말씀으로 키우지 못함으로 지금의 텅 빈 유럽 교회가 되었다. 한결같이 자녀교육과 다음 세대 교육에 실패한 것이 주된 요인이다.

이러한 반복된 역사의 경고를 듣지 않으면 한국교회도 앞으로 50년 후가 되면 어쩌면 유럽 교회와 같은 상황이 올 수도 있다. 지금 부흥의 열기가 남아 있을 때 다음 세대를 위한 말씀교육에 집중하지 않으면 안된다. 아직 불씨가 남아 있는 한국교회에 성경교육으로 다시 부흥의 불길을 지피도록 하자. 교회 건물 짓는 일의 절반만이라도 다음 세대를 키우는 성경교육에 투자하자. 이 일에 소명을 받은 일꾼과 교회가 많이 일어나기를 간절히 기도한다.

이미 영원한 천국을 소유한 우리가 지향해야 할 것은 보이는 이 세상 나라 건설이 아닌 영원한 하나님의 나라와 의를 이루는 일이다. 복음의 빚을 진 우리들이 그 빚을 갚는 길은 다음 세대를 살리는 성경교육에 집중하는 일이다. 다음 세대가 열매를 먹을 수 있도록 나무들을 많이 심어야 하지 않겠는가. 설사 우리가 그 열매를 먹지 못한다 하더라도 그동안 먹고 살아온 것만으로도 감사한 일이다. 정말 그 은혜에 감사한다면 나도 다음 세대를 위해 지금 무엇인가 해야 할 것이다. 남은 짧은 생애를 과연 어디에 바칠 것인가? 어차피 사라질 육신이라면 보다 가치 있는 영원한 것에 투자해야 하지 않을까?

한국 초대교회가 성경으로 부흥을 이루었던 것처럼 부흥의 계절이 지속되기를 필자는 간절히 소원한다. 이것은 구호로는 안 된다. 시간이 없다. 지금이라도 구체적인 행동과 실천에 들어가야 하고 자녀와 다음 세대를 위한 적극적인 투자와 말씀교육을 해야 한다. 이 일을 위해 교회와 부모가 적극 나서야 한다. 더 이상 우물쭈물할 때가 아니다. 시간이 얼마 없다. 바라기는 이 일의 중요성을 깨닫고 인생을 올인하는 교회와 일꾼이 많이 일어났으면 한다. 물속에 서서히 잠기는 한국교회 호의 위급성을 깨닫고 이것을 살리는 데 헌신하는 일꾼과 교회들이 많이 필요하다.

예즈덤영재교육은 이런 시대적 상황 속에서 실제적인 좋은 대안이 될 수 있으리라 본다. 특히 0세~30세까지 어린이와 젊은이들에게 성경교육을 실천하는 데 좋은 도구가 되기를 기도한다. 20년 동안 준비한 필자의 작은 성경교육 자료들과 경험이 귀하게 사용되었으면 하는 바람이다.

이때를 위함인지 누가 알겠는가?

위기는 본질을 보게 하는 또 다른 기회다. 결국은 성경에 모든 답이 있다. 우리 자신을 성경으로 다시 돌아보자. 그러면 희망이 보일것이다. 말씀을 붙잡고 기도하면서 주의 도우심을 함께 구하자. 이 책을 읽는 독자들에게 하나님의 나라와 의를 구하는 아름다운 비전이 타오르기를 기도한다.

성서사람 · 성서교회 · 성서한국 · 성서나라
저자 이대희

---

* 지금까지 제시한 예즈덤영재교육 원리를 실제적으로 적용하기를 원하는 분들은 계속 이어지는 실천편 지침서와 교재를 참조하길 바란다.(부록에 있는 전체 교재 구성을 참조하면 도움이 될 것이다.)

# 부 록

- 유대인 교육과 예즈덤영재교육 교육구조
- 예즈덤교육 양육 교재 구성
- 예즈덤영재교육 지도자 지침서 및 전체 교재와 교구 구성
- 부모와 지도자를 위한 예즈덤영재교육 세미나 과정

# 유대인 교육과 예즈덤영재교육 교육구조

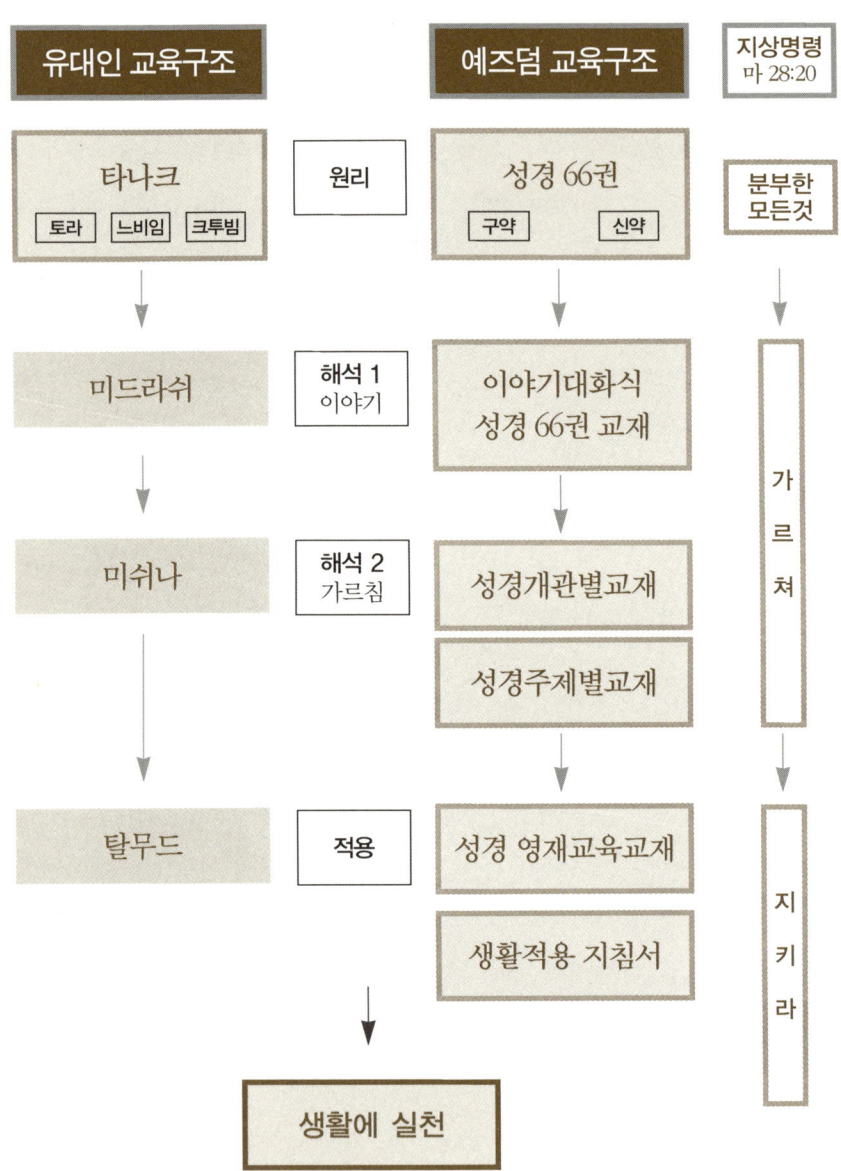

| 유대인 교육구조 | | 예즈덤 교육구조 | 지상명령<br>마 28:20 |
|---|---|---|---|
| 타나크<br>토라 느비임 크투빔 | 원리 | 성경 66권<br>구약　신약 | 분부한<br>모든것 |
| 미드라쉬 | 해석 1<br>이야기 | 이야기대화식<br>성경 66권 교재 | 가<br>르<br>쳐 |
| 미쉬나 | 해석 2<br>가르침 | 성경개관별교재<br>성경주제별교재 | |
| 탈무드 | 적용 | 성경 영재교육교재<br>생활적용 지침서 | 지<br>키<br>라 |

생활에 실천

# 예즈덤교육 양육 교재 구성

(평생 동안 가정과 말씀양육을 할 수 있는 150여 권 교재들입니다)

## [ 성경 ]

## [ 이야기대화식 성경 66권 교재 ]

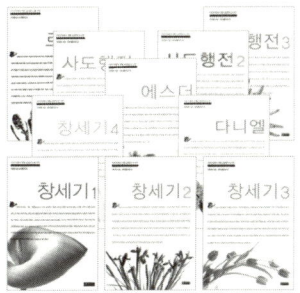

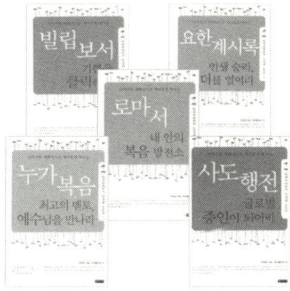

## [ 성경개관 교재 ]

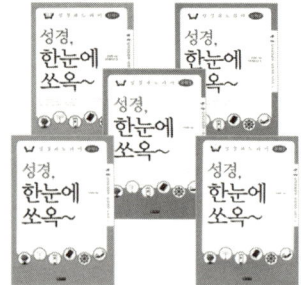

## [ 성경주제별 교재 ]

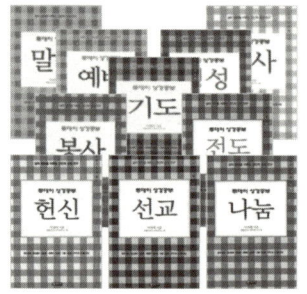

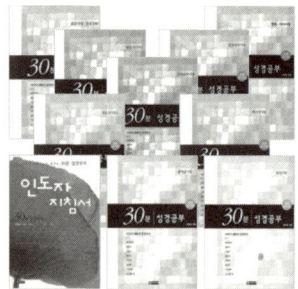

## [ 생활적용 지침서 ]

· 자녀 축복 침상 기도문
· 기도로 배우는 기도
· 예수님의 생애
· 하룻밤에 배우는 쉬운기도
· 전도왕 백서
· 내 인생을 바꾼 기도
· 예수님은 어떻게 교육하셨을까?
　등 40여 권이 자료로 준비되어 있습니다.

위에 소개된 성경교재와 생활적용지침서는 10대에서 장년까지 사용할 수 있는 평생양육교재입니다.
발달단계와 신앙의 상태에 따라 맞춤형으로 자유롭게 선택하여 가정과 교회 등에서 사용할 수 있습니다.

# 예즈덤영재교육 지도자 지침서 및 전체 교재와 교구 구성

(예즈덤영재교육을 위해 준비된 평생교재들입니다.)

● 부모 및 지도자를 위한 자녀 양육 지침서

1. 교육원리와 방법 - 자녀와 다음 세대를 거인으로 세우는 예즈덤영재교육

2. 교육영역 - 자녀를 8가지로 균형 있게 키워라

3. 언어교육법 - 언어력이 평생을 결정한다

4. 강점교육법 - 강점을 키우는 파워 프로그램

5. 가정안식일 - 가정안식일, 이렇게 하라

● 0-7세용 / 성경영재교재와 교구

1. 이야기와 대화 교재 (마음, 성품, 두뇌(신뇌, 좌뇌, 우뇌), 관계, 인격)

　　　① 창조 이야기1

　　　② 창조이야기 2

　　　③ 타락 이야기 (아담, 가인, 노아, 바벨탑)

　　　④ 약속 이야기 (아브라함, 이삭)

　　　⑤ 약속 이야기 (야곱, 요셉)

　　　⑥ 복음 이야기 1

　　　⑦ 복음 이야기 2

　　　⑧ 복음 이야기 3

　　　⑨ 복음 이야기 4

　　　⑩ 예수님 생애 이야기

　　　⑪ 사건 이야기

　　　⑫ 인물 이야기

2. 기도문 교재 (마음, 성품, 신뇌, 인격)

    ① 요람기도문

    ② 침상기도문

    ③ 밥상기도문

    ④ 지혜기도문


3. 영재성과 문제해결능력 교재 (마음, 성품, 좌뇌, 우뇌, 신뇌, 강점, 관계, 인격)

    ① 성경암송

    ② 예즈덤 마인드맵핑

    ③ 탈무드문제해결법

    ④ 탈무드 이야기

    ⑤ 예닮성품교재


4. 영재 교구 ( 좌뇌, 우뇌, 몸, 감각, 관계, 강점)

    ① 한글교구

    ② 영어교구

    ③ 숫자교구

    ④ 도형교구

    ⑤ 그림교구

    ⑥ 퍼즐교구

    ⑦ 색감교구

    ⑧ 청각교구

    ⑨ 시각교구

    ⑩ 촉각교구

    ⑪ 두뇌교구

● 8-19세용 / 성경영재 교재

(8가지 교육영역을 골고루 계발하도록 교재가 구성되었다)


1. 성경 이야기와 대화 교재

(10세부터~19세는 "아름다운 십대" "틴꿈십대" 성경교재를 사용한다)


2. 영재성과 문제해결능력 교재

　　　　① 성경 마인드맵핑 (초급)

　　　　② 4차원영재학습법

　　　　③ 창의성을 높여주는 브레인스토밍 (초급)

　　　　④ 탈무드 시뮬레이션 (초급)

　　　　⑤ 성경논술나라

　　　　⑥ 예즈덤게임과 놀이

　　　　⑦ 수퍼기억법

　　　　⑧ 위인들에게 배우는 인생문제해결법

　　　　⑨ 성경구절과 통암송 (한국어, 영어)

　　　　⑩ 성서일기

　　　　⑪ 예닮성품교재


● 20-30세용 / 성경영재교재

(8가지 교육영역을 골고루 개발하도록 교재가 구성되었다)


1. 성경 이야기와 대화 교재

(20세부터~30세는 "30분 성경공부, 투데이 성경공부"를 사용한다)

2. 영재성과 문제해결능력 교재

　　　　① 성경 마인드맵핑 (중급)

　　　　② 4차원영재학습법

　　　　③ 창의성을 높여주는 브레인스토밍 (중급)

　　　　④ 탈무드 시뮬레이션 (중급)

　　　　⑤ 위인들에게 배우는 인생문제해결법

　　　　⑥ 성경구절과 통암송 (한국어, 영어)

　　　　⑦ 성서일기


● 30세–평생용 / 성경영재교재
(8가지 교육영역을 골고루 개발하도록 교재가 구성되었다)


1. 성경 이야기와 대화 교재
(30세부터~평생은 "투데이 성경공부", "이야기대화식 성경66권 성경공부"를 사용한다)


2. 영재성과 문제해결능력 교재

　　　　① 성경 마인드맵핑 (고급)

　　　　② 창의성을 높여주는 브레인스토밍 (고급)

　　　　③ 탈무드 시뮬레이션 (고급)

　　　　④ 탈무드 인생잠언, 탈무드 처세술, 탈무드 경제

　　　　⑤ 인생지혜큐티

　　　　⑥ 예닮성품교재

# 부모와 지도자를 위한
# 예즈덤 영재교육 세미나 과정

(각 과정은 3개월 과정을 기본으로 한다. 각 교회별로 부모대학을 개설하여 운영할 수 있다.
방학이나 특별시간을 통하여 집중적으로 통합하여 과정을 개설할 수 있다.)

## • 기본 교육과정 •

| 과정 | 특징 | 내용 | 비고 |
|------|------|------|------|
| 초급 1 | 교육원리 | 자녀와 다음 세대를 거인으로 키우는 | |
| 초급 2 | 교육영역 | 자녀를 8가지로 균형 있게 키워라 | |
| 중급 1 | 언어교육 | 언어력이 평생을 좌우한다 | |
| 중급2 | 성품교육 | 예수님의 성품을 훈련하라 | |
| 중급 3 | 강점교육 | 강점을 키우는 파워 프로그램 | |
| 고급 1 | 체험교육 | 복음절기 7가지 | |
| 고급 2 | 가정교육 | 가정안식일과 가정교육 7가지 | |
| 고급 3 | 복음교육 | 예수님 교육법과 실제적용법 | |

## • 발달단계별 교육과정 •

| 과정 | 발달단계 | 교육내용 | 비고 |
|------|----------|----------|------|
| 아기학교 | 0~3세 | 아기학교 영재교육법 | 교재와 교구 |
| 유아학교 | 4~7세 | 유아학교 영재교육법 | 교재와 교구 |
| 초등학교 1 | 8~10세 | 초등학교 영재교육법 1 | 교재와 교구 |
| 초등학교 2 | 11~13세 | 초등학교 영재교육법 2 | 교재와 교구 |
| 성인식 | 13세 | 성인식의 원리와 실제 | 교재와 교구 |
| 십대학교 | 13~18세 | 십대영재교육법 | 교재 |
| 청년학교 | 19~30세 | 청년영재교육법 | 교재 |

• 성경교육과정 •

| 과 정 | 내 용 | 특 징 |
|---|---|---|
| 성경개관 | 성경전체 맥잡기 | 성경흐름 |
| 구약 | 창세기, 출애굽기, 다니엘, 에스더, | 원리와 인물 |
| 신약 | 누가복음, 사도행전, 로마서 | 원리와 인물 |
| 주제 | 십계명, 주기도문, 8복, 산상수훈, 예수쉐마, 사랑장, 복음소개, 믿음뼈대, 핵심신앙, 사도신경, 파워구절 | 신앙핵심내용 |

• 부모대상별 교육과정 •

| 과 정 | 내 용 | 특 징 |
|---|---|---|
| 예비부모반 | 미혼 청년과 예비 부모를 위한 자녀교육 준비 | |
| 태교임신반 | 임신 10개월 기간 동안 자녀교육 준비 | |
| 0-3세부모반 | 조기교육의 중요성을 배우면서 실제적용 | |
| 부모반 | 예수님을 닮은 자녀 양육하기 | |
| 조부모반 | 손자 양육을 위한 지혜교육 | |

• 부모와 지도자를 위한 보수교육과정 •

| 과 정 | 내 용 | 특 징 |
|---|---|---|
| 학습법 | 4차원영재학습법 | |
| 마인드맵 | 성경 마인드맵핑 | |
| 브레인스토밍 | 창의성을 높혀주는 브레인스토밍 | |
| 두뇌게임 | 두뇌를 발달시키는 게임과 놀이 | |
| 기억법 | 수퍼기억법 | |
| 논술 | 성경논술 나라 | |

자 녀 를  행 복 한  거 인 으 로  키 우 는

# 예즈덤 자녀영재교육 부모세미나

**" 어릴 때 신앙이 평생을 좌우합니다 "**

　세상은 점차 악해져 가고 있습니다. 그 속에서 우리 자녀들이 바르게 살아간다는 것은 결코 쉬운 일이 아닙니다. 세상의 것(동물, 물질)들이 자녀들의 마음속에 자리 잡기 전에 먼저 하나님의 말씀으로 뿌리를 내려야 합니다. 하나님이 선물로 주신 자녀들의 마음속에 세상의 헛된 세상 것들이 먼저 자리 잡게 하면 안됩니다. 부모는 우리 자녀를 주님의 교양과 훈계로 양육해야 합니다(엡 6:4). 자녀들이 아직 어릴 때에 마땅히 행할 길을 가르쳐야 합니다. 그러면 늙어도 평생 그것을 떠나지 않게 됩니다(잠 22:6) 자녀를 어릴 때부터 성경으로 키우는 성경적 영재교육은 가장 중요하고 시급합니다.

　유대인 탈무드 교육을 새롭게 적용한 예즈덤영재교육 세미나에 관심 있는 부모님 여러분을 초대합니다!

### • 세미나 교육 내용 •

| 주 | 주제 | 강의 내용 |
|---|---|---|
| 1 | 자녀교육 원형 | 오리엔테이션 / 위기의 가정과 자녀와 교회를 교육으로 살려라 |
| 2 | 행복한 영재교육 | 모두가 일등을 꿈꾸는 행복한 영재로 키워라 |
| 3 | 유대인 천재교육 | 유대인 탈무드 교육 원리를 한국 상황에 적용하라 |
| 4 | 교육원리1 | 인성을 교육하라 / 성경을 뿌리로 하라/ 가정과 부모가 중심이 되라 / 사랑의 사람으로 키워라 |
| 5 | 교육원리2 | 일찍교육을 하라 / 이야기와 질문을 하라/ 평생교육을 하라 |
| 6 | 교육원리3 | 잠재력과 개성을 찾아라/ 삼대가 함께 하라/ 가정안식일을 지키라 |
| 7 | • 공동체 나눔 | 부부별, 전체 토의와 나눔 |
| 8 | 자녀교육 커리 만들기 | 인간교육이 중요하다 / 평생 커리 만들기. 8가지 교육영역 |
| 9 | 교육과정 1 | 마음영역(마음.양심.영혼)/성품영역(은혜, 감사, 배려, 경청, 섬김.....) |
| 10 | 교육과정 2 | 두뇌영역(우뇌,좌뇌. 신뇌. 생각. 감정)/감각영역(영감. 오감. 육감) |
| 11 | 교육과정 3 | 몸영역(신체. 운동. 음식. 청결) /관계영역(하나님. 자신. 이웃. 자연) |
| 12 | 교육과정 4 | 감점영역(재능. 지식. 기술. 은사)/인격영역(섬김. 삶. 비전. 믿음) |
| 13 | • 부모 리트릿 | 전체 마무리와 부모수련회 / 수료식 |

- **강사:** 이대희 목사
- **일시:** 20 . . ~ 20 . . (13주과정) / 매주 화요일 오후 8:00 ~ 9:30
- **대상:** 예비부모, 부모와 조부모 · **장소:** ○○ 교회
- **등록비와 교재비:** ○○○원 · **신청 및 문의:** ○○○ 간사

## 주최 : ○○ 교회 · 예즈덤영재교육원

"예수는 그 지혜와 그 키가 자라가며 하나님과 사람에게 더 사랑스러워 가시더라" (눅 2:52)

· 위 세미나 홍보물은 각 교회에서 사용할 수 있는 샘플입니다
· 예즈덤자녀영재교육을 임상적용할 교회와 가정이 있으면 연락주시면 도움을 드리겠습니다.
문의: 예즈덤영재교육원 02-403-0196, 010-2731-9078

가 정 과  자 녀 를  살 리 는

## 가정과 자녀교육 부흥회

가 / 정 / 이 /  살 / 아 / 야 /  모 / 두 / 가 /  삽 / 니 / 다 !

모든 문제의 해답은 기본에 있습니다. 가정은 모든 것의 기본입니다.
부모가 살아야 자녀가 삽니다! 자녀가 살면 가정이 삽니다!
가정이 살면 교회가 삽니다! 교회가 살면 세상이 삽니다!
OO 교회에 속한 모든 가정이 이번 기회에 부흥의 역사가 일어나기를 소원합니다.
OO 교회가 여러분의 가정과 자녀를 살리는데 실제적으로 도움을 드리겠습니다.
자손 대대로 신앙의 명문가를 이루는 비전을 품기 원하는 가정을 초대합니다!

| 시간 | 내용 |
|---|---|
| 새벽기도회 | 뿌리내리기와 비전 심기 / 자녀인성과 성품교육 / 예즈덤교육 |
| 오전사경회 | 부모성경교육 / 자녀 말씀양육 노하우 / * 유대인자녀교육 |
| 저녁부흥회 | 부모영성훈련 / 가정안식일과 가정교회 / 신앙 대잇기 |

* '오전사경회'는 불신자 이웃 가정을 초대하는 전도 프로그램으로 적용할 수 있습니다.
  ('유대인자녀교육'을 중심으로)

- 강사: 이대희 목사
- 일시: 20    .    .
- 시간: 새벽/ 오전 5시 30분, 오전/ 오전 10시 30분, 저녁/ 저녁 7시 30분
- 장소: OO 교회
- 문의 전화:

### 주최 : OO 교회 · 예즈덤영재교육원

· 위 부흥회 홍보물은 각 교회에서 사용할 수 있는 샘플입니다.
· 가정과 자녀교육 부흥회는 가정과 자녀를 살리는 새로운 형태의 실제 부흥회로
  1. 저녁 2. 새벽과 저녁 3. 새벽, 오전, 저녁의 세 종류의 부흥회가 가능합니다.
  각 교회 상황에 맞게 시간을 선택할 수 있습니다.
· '가정과 자녀신앙부흥회'와 '이웃 초대 유대인 자녀교육 세미나'를 원하시는 교회는
  연락주시면 도움을 드리겠습니다.

문의: 예즈덤영재교육원 02-403-0196, 010-2731-9078

# 예즈덤 영재교육 성경공부 양육 교재

## 투데이 성경공부

평생 성경공부할 수 있도록 구성한 시리즈. 주제별로 구성되어 있어 각 교회의 상황에 맞게 커리큘럼을 재구성하여 사용할 수 있다.

101 신앙기초(전 9권 완간) | 201 예수제자(전 9권 완간) | 301 새생활(전 12권 완간)
601 성경개관(전 10권 완간) | 401 · 501 발간 예정

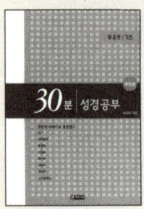

## 30분 성경공부

신앙생활의 기초를 다루었으며 신앙의 전체 그림을 그릴 수 있는 2년 과정의 소그룹 성경교재다. 성경공부를 시작할 때 사용하면 효과적이다.

믿음편 | 기초 · 성숙  생활편 | 개인 · 영성 · 교회 · 가정 · 이웃 · 일터 · 사회 · 세계
성경탐구편 | 창조시대 · 족장시대 · 출애굽시대 · 광야시대 · 정복시대/사사시대 · 통일왕국시대 ·
분열왕국시대 · 포로시대/포로귀환시대 · 복음서시대1 · 복음서시대2 · 초대교회시대 · 서신서시대

## 아름다운 십대 성경공부

십대들이 꼭 알아야 할 성경의 핵심내용과 기독교적 가치관, 세계관을 정립하는 데 필요한 핵심주제를 담고 있으며, 3년 과정으로 구성되었다.

101 자기정체성 · 복음 만남 · 신앙생활 · 멋진 사춘기 · 예수의 사람(전 5권)
201 가치관 · 믿음뼈대 · 십대생활 · 유혹탈출 · 하나님의 사람(전 5권)
301 비전과 진로 · 신앙원리 · 생활열매 · 인생수업 · 성령의 사람(전 5권)

## 틴꿈 십대성경공부

성경 전체의 내용을 핵심적으로 구성되었으며, 성경 파노라마를 통해 십대들이 알아야 할 성경의 맥과 개관을 다루고 구약책과 신약책 중에서 십대에 맞는 책을 선택하여 집중적으로 유형별로 균형 있게 공부할 수 있다.

1년차 성경개관 | 성경파노라마 1, 2, 3, 4, 5(전5권)
2년차 구약책 | 창세기 · 에스더 · 다니엘 · 잠언 · 전도서(전5권)
3년차 신약책 | 누가복음 · 로마서 · 사도행전 · 빌립보서 · 요한계시록(전5권)
 • 틴~ 꿈 새가족 양육교재

# 예즈덤 영재교육 성경공부 양육 교재

## 책별 66권 성경공부

성경 전체 66권을 각 권별로 자유롭게 선택하여 사용할 수 있는 성경공부.
성경 전체를 체계적으로 연구할 수 있다.

창세기 1·2·3·4, 느헤미야, 요한복음 1·2, 로마서, 에스더, 다니엘, 사도행전 1·2·3
요한계시록 1·2, 마가복음 1·2 (계속 발간됩니다)

## 엔크리스토 제자양육성경공부

한 사람을 온전한 제자로 만드는 과정으로 7단계로 구성되었있다. 전도(복음소개)와
양육(일대일 양육, 이야기대화식 성경공부)과 영성(영성훈련)의 3차원을 통전적으로
연결되어 있으며 제자훈련 과정으로 적합하다.

복음소개 · 일대일 양육 · 새로운 사람 · 성장하는 사람
변화된 사람 · 영향력 있는 사람 · 영성훈련(전7권)

## 인도자를 위한 지침서

• 인도자 지침서(십대 성경공부 101·201·301시리즈) | 이대희 지음
• 인도자 지침서(틴꿈 십대성경공부) | 이대희 지음
• 인도자 지침서(엔크리스토 제자양육성경공부) | 이대희 지음
• 인도자 지침서(30분 성경공부 믿음편 기초, 성숙 | 생활편 개인, 교회) | 이대희 지음

## 성경공부에 필요한 참고 서적

• 이야기 대화식 성경연구 | 이대희 지음 | 10,000원
• 크리스천이 꼭 알아야할 100문 100답 | 이대희 지음 | 10,000원
• 꿈을 이루는 10대 크리스천을 위한 52가지 | 이대희 지음 | 10,000원

## 성서사람 · 성서교회 · 성서한국 · 성서나라를 꿈꾸는
# 엔크리스토 성경대학을 소개합니다!

### 특징
성경 66권을 쉽고 재미있게, 깊이 있게 배우면서 한국적 토양에 맞는 현장과 삶에 적용하는 한국적 성경전문학교

### 모집과정(반별로 2시간씩이며 선택 수강 가능)
- 성경주제반: 성경의 중요한 핵심 주제를 소그룹의 토의와 질문을 통하여 배운다.(투데이 성경공부/30분성경공부)
- 성경개관반: 66권의 성경 전체의 맥과 흐름을 일관성 있게 잡아준다.(잘 정리된 그림과 도표와 본문 사용)
- 성경책별반: 66권의 책을 구약과 신약 한 권씩 선정하여 워크숍 중심으로 학기마다 연구한다.(3년 과정)

### 모집대상
목회자반/ 신학생반/ 평신도반(교사, 부모, 소그룹 양육리더, 구역장, 중직)

### 시 간
월요일(오전 10시 30분~오후 5시 30분/ 개관반 · 책별반 · 주제반)

### 수업학제
겨울학기 : 12~2월 | 봄학기 : 3~6월 | 여름학기 : 6~8월 | 가을학기 9~11월
(자세한 내용은 홈페이지 참조 요망. 학기마다 사정에 따라 일자가 변경될 수 있음)

### 수업의 특징
- 이야기대화식 성경연구방법으로 12주(3개월 과정) 진행
- 전달이나 주입식이 아닌 성경 보는 눈을 열어주고 경험하게 하면서 성경의 보화를 스스로 캐는 능력을 터득하게 하는 방법을 지향하며 소그룹 워크숍 형태로 진행

**강사** : 이대희 목사와 현직 성서학 교수와 현장 성경전문 강사

**장소** : 바이블미션
　　　서울시 송파구 가락동 96-5(지하철 8호선 가락시장역)

**신청** : 개강 1주일 전까지 선착순 접수(담당 : 채금령 연구간사)

**문의** : 바이블미션–엔크리스토 성경대학(010-2731-9078, 02-403-0196)
　　　(홈페이지 www.bible91.org)